Kuno Meyer

Hibernica minora, being a fragment of an Old-Irish treatise on the Psalter with translation, notes and glossary and an appendix containing extracts hitherto unpublished from MS. Rawlinson, B. 512 in the Bodleian Library edited by Kuno Meyer, with a f

Kuno Meyer

Hibernica minora, being a fragment of an Old-Irish treatise on the Psalter with translation, notes and glossary and an appendix containing extracts hitherto unpublished from MS. Rawlinson, B. 512 in the Bodleian Library edited by Kuno Meyer, with a f

ISBN/EAN: 9783743417137

Manufactured in Europe, USA, Canada, Australia, Japa

Cover: Foto ©ninafisch / pixelio.de

Manufactured and distributed by brebook publishing software (www.brebook.com)

Kuno Meyer

Hibernica minora, being a fragment of an Old-Irish treatise on the Psalter with translation, notes and glossary and an appendix containing extracts hitherto unpublished from MS. Rawlinson, B. 512 in the Bodleian Library edited by Kuno Meyer, with a f

Anecdota Oxoniensia

HIBERNICA MINORA

BEING A FRAGMENT OF

AN OLD-IRISH TREATISE ON THE PSALTER

WITH TRANSLATION, NOTES AND GLOSSARY

AND AN APPENDIX

CONTAINING EXTRACTS HITHERTO UNPUBLISHED FROM MS. RAWLINSON, B. 512
IN THE BODLEIAN LIBRARY

EDITED BY

KUNO MEYER

WITH A FACSIMILE

Oxford
AT THE CLARENDON PRESS
1894

London
HENRY FROWDE
Oxford University Press Warehouse
Amen Corner, E.C.

New York
MACMILLAN & CO., 66 FIFTH AVENUE

CONTENTS

	PAGE
INTRODUCTION	v-xiv
ADDENDA AND CORRIGENDA	xv
THE RAWLINSON TEXT OF THE TREATISE ON THE PSALTER	1-14
VARIOUS READINGS from MS. Harleian 5280	15-18
REVISED TEXT AND TRANSLATION	20-37
APPENDIX	39-85
Kailleoracht	39-41
Teist Choemáin Chlúana	41-42
Mugrón's Invocation of the Trinity	42-44
Poem on the Maledictive Psalms	44-46
Dá Choca's Poem	46-48
Quatrains on Beltaine, &c.	48-49
Compert Conchobair	50
Story of Mac Dáthó's Pig and Hound	51-64
The Excuse of Gulide's Daughter	65-69
The Tragical Death of Diarmait's Three Sons	70-75
The Death of Máelodrán	76-81
Dialogue between King Cormac and Fíthel	82-83
Fragment of the Story of Baile Binnbérlach	84
Cúchulinn and Senbecc	84-85
NOTES	87-91
INDEX VERBORUM	93-101
INDEX NOMINUM	103

INTRODUCTION

THE value of the Fragment of an Irish treatise on the Psalter, which is here edited for the first time, is mainly linguistic, and consists in its being a copy, though a late and often corrupt one, of an Old-Irish original written, as I shall endeavour to show, in the eighth century.

The Fragment has reached us, so far as I know, in two MSS. only. By R I denote the copy contained in the well-known Bodleian codex Rawlinson B. 512, for a detailed description of which see the Rolls Edition of the Tripartite Life, vol. i. pp. xiv-xlv, and compare the additions and extracts in my Appendix below. Our text begins at the top of fol. 45 a, 1 and ends abruptly in the middle of fol. 47 b, 2. It is written in a large and clear hand of the fifteenth century, I think. The transcript is, on the whole, a careful and accurate one, free from bad mistakes, and offering a very readable text. Several corrections and additions, many of them modernizations, made by a later hand, are easily distinguishable by the paler ink used. I have made R the staple of my edition, printing it as nearly as possible as it stands, merely extending contractions and indicating these extensions by italics. The later corrections and additions are printed in small type. Among these the marks of so-called aspiration are particularly noteworthy. For while the scribe always uses the sign ⊢ with a bold flourish of the horizontal stroke, the corrector employs either the dot or a sign somewhat like v. I denote these marks by h and h respectively.

A second copy of the Fragment, which I designate by the letter H, is preserved in the British Museum MS. Harleian 5280, foll. 21 a–24 b. The whole of this codex was written in the sixteenth century by Gilla

Riabach O'Clery, as appears from the following entry on fol. 76 a: Or*aid* ar anmain an truaghain scribas an cuilm*en* so dó fen .i. Gilla Riab*ach* mac Tuathail ma*i*c Taidc Caim i Clerich 7 tabr*ad* cech oen dia foigena in oraid don scribn*id*, *i.e.* 'A prayer for the soul of the poor wretch who is writing this volume[1] for himself, viz. Gilla Riabach, son of Tuathal, son of Tadg Cam O'Clery, and let every one whom it will serve bestow a prayer on the scribe.' The date of Gilla Riabach's death is not mentioned, so far as I know, but his father Tuathal died in 1512, and his brother Tadg in 1565. See O'Donovan, Tribes and Customs of Hy Fiachrach, p. 81 and pp. 391-398. Gilla Riabach was an erratic and often careless scribe, nor did he understand much of the older language, while he seems to have had next to no knowledge of Latin. Hence his copy abounds with blunders and is on the whole very inferior in value to R. It is right to say, however, that not infrequently he has preserved the original reading more faithfully than the scribe of R. A list of such cases will be found on p. 19. I have confined myself to giving the variants only of H.

The text offered by R and H is the same. Both copies end abruptly with the same word. That H cannot have been copied from R is evident, among other things, from its containing a passage (ll. 396-7) carelessly omitted by the scribe of R. By a large number of identical peculiarities and mistakes occurring equally in both transcripts, it is abundantly proved that they are derived from one common source. Of such peculiarities it will suffice to mention a few. Both copies agree in either preserving or changing Old-Irish forms in the same place, e.g. *inna* ll. 3, 72, 135. 321; *ina* 395; *na n-* 53; *lucc* 202; *oenlucc* 97; *koin* 56; *noib* 75; *noibh* R, *noibk* H 158; *noim* R, *noib* H 72, 87; *denaib* R, *dinoib* H 229; *dinaib* R, *donoib* H 236; *dona* R, *dena* H 136; *tosugh* R, *tosag* H 36; *mbrechtnaighib* R, *mbrectnaidhib* H 226. Again, the same words occur either fully written out or abbreviated in the same places, *e.g. amail*, written out in both R and H in ll. 188, 436, 448, while it is abbreviated in ll. 49, 402, &c. We find *Hir.* = *Hieronymus* in l. 49, while *Cirine* occurs in ll. 336, 342, &c. Further, the same corrupt spellings of Latin words occur in both copies, e.g. *misteris* 27, *spicies*

---

[1] *cuilmen* 'volume,' cognate with *colmmdne* gl. nervus, Sig. 221 b, and W. *cwlm*, Bret. *koulm* 'knot, tie.' The word is glossed by *lebar* in Ll. 3. 18. p. 603 a. As to its use by later scribes cf. *promha pind* o Ferghal mac Uilliaim for in cuilmend oll, LHr. p. 60, marg. inf.

semplex Ho, *uoue* 117, *cecenise* 140, *pautantur* 141, *augtorem* 143, *difinitio* 382, 387, 389, *consulationis* 387, *apocolipsis* 399. Though some of these forms may be peculiarities of Irish Latinity, yet the following are mere blunders: l. 362 *asdudia* R, *astutia* H for *ad studia*, l. 105 *addiuidimus* R, *adiudiuimus* H for *audiuimus*, ll. 180, 193 *exultabo* for *exaltabo*. Both copies share the mistake in l. 418, where instead of *fochétóir* the original had without doubt *fó chethir*. See my note on this passage.

It is evident from the character of these mistakes that they are no mere coincidences, but that they were all or nearly all contained in a common source, from which they passed directly or indirectly into both R and H. And it is equally clear that this common source, which I will call X, cannot have been the original MS. of our text, nor can have stood in any close relation to the original. For it must have been written at a time when Old-Irish had ceased to exist and was no longer fully understood, and by a scribe who had a very indifferent knowledge of Latin, if indeed he had any. When this was, there are no means of saying, but I think the fragmentary character of X plainly tells its own story. Whether the Irish Notker completed his commentary on the whole Psalter on the same scale as the fragment on the first psalm, it is impossible to say; but that the short fragment which has reached us was not the whole of his work, seems pretty certain. Remembering the wholesale destruction of Irish MSS. during the Viking-age, we may assume that a volume containing the Commentary on the Psalter shared the fate of the mass of Old-Irish books at the hands of the Norse, and was either burnt or 'drowned,' only its first few leaves escaping by some chance from this destruction[1]. I therefore regard X as a copy derived either directly or indirectly from the fragment thus saved.

It will not be out of place here to consider the methods followed by the majority of Irish scribes in copying texts written in the older language.

At all times, in the oldest copies that have reached us—not excepting even the continental glosses—no less than in the latest, the endeavour of the scribes is often apparent to transcribe as much as possible into

---

[1] If we consider that the fragment fills six pages in R and eight in H, it seems natural to assume that the first quaternion of the volume was preserved.

the language of their own time. But this was never carried out consistently. As far as mere orthography is concerned, it would have been easy to adopt and follow a uniform standard. But even this few scribes chose to do. Guided apparently by nothing but the mere whim of the moment, they now retain the old spelling, now replace it by the modern one, or, worse than that, run through all the intermediary stages that lie between these two extremes. This is the practice of the scribes of both R and H, and such a word as Old-Irish *nóib* 'holy' is a good example of their inconsistency. We find not only the Old-Irish form and the modern *naomh*, but also *noibh, noebh, noeb, noem, naem, naeb*, &c. Thus for Old-Irish *diss* 'aetas' we have *oes* 206 H, *aes* 438, *aos* 206 R; we find such late and corrupt spellings as *p* for infected *b*, in *lipuir* 2 R, *lipur* 25 R, *lepur* 30 R &c., and such phonetic spellings as *salim* 106 R, *psalam* 289 R, *taidibsea* 181 R, *taidibsiv* 265 R, &c.

But some scribes do worse than this. Bewildered perhaps by the difference between the older forms and the practice of their own day, they sometimes adopt a compromise between the old and the new. Thus Gilla Riabach, instead of writing either *fili* or *file*, escapes from the dilemma by writing *filie* (l. 157); instead of either *stoir* or *stair* he writes *stoair* (l. 315), instead of *foir* or *fair*, *foair* (l. 342), &c. Indeed, he seems to take delight in piling on meaningless letters, a practice which reaches its climax in such monstrosities as *spalmboniuh* (380) for *salmaib* or *salmaibh*, *claciniue* (327) for *clóine* or *cláine*, forms that I think may be described as sham archaisms [1].

Even the best scribes are never quite consistent. Michael O'Clery, for instance, certainly one of the most careful, and one who knew the older language well, never quite succeeds in his endeavour to give the old texts he copies a modern look. Such Old-Irish spellings as *athir* for mod. *athair, domun* for mod. *domhan, úgaire* 'shepherd' for *aoghaire*, &c. constantly occur with him.

With regard to the grammatical forms of the older language, the desire of the scribes to change these into modern forms is, I think, equally apparent, though few had sufficient knowledge of the older

[1] There can be no doubt, I think, that the delight of the Irish mind in quaint and obscure forms of language, examples of which may be found in the Revue Celtique, xiii. p. 220, often induced the scribes to affect a sort of archaic spelling and even to invent sham-archaic forms.

language to enable them to do so correctly. The later the period, the less Old-Irish was understood, the greater their difficulty of dealing intelligently with extinct forms. As long as the old form was transparent in structure and meaning, as was the case with most declensional forms, it was no difficult task to put down its modern equivalent. But even here blunders occur frequently. The difference between an intelligent and careful scribe and his opposite may be seen from an example which I take from l. 196 of our text. Here the MS. had *forsna psalmu*. The scribe of R changes this rightly into *forna psalmu*, while Gilla Riabach has an impossible *forsan psalmu*. In those cases where the scribes did not understand the original, they were often content with copying mechanically, and were then liable to confuse similar letters, wrongly to extend contractions, and the like. Thus in l. 449 R we find *asalucc* for *afolud*, the scribe having mistaken the *f* and *d*, l. 431 H *beatha* for *beatusa*, l. 418 *fochetoir* for *fochethir*, &c.

But the worst offence of which the scribes were guilty remains yet to be mentioned. This consists in their tagging on a modern ending to an old form, a practice mostly found with verbal forms. Thus veritable ghost-forms arose, which never had any existence in the living language. Such a form as *lotarsat*, for instance, which occurs somewhere in Harl. 5280 (*Tochmarc Emire*) arose from Gilla Riabach clapping the ending of the 3rd plur. preterit *-sat* on to the old perfect *lotar*; *topachtur* in LU 73 b, 2, which from the context must mean 'that I may cut off,' can only be explained by assuming that the scribe added the ending of the 1st sing. of the present deponent *-ur* to the stem of the t-preterit of *do-fo-bongim*. Such another form is probably *doromenathar* in l. 473 in our text for Old-Irish *doromduair*.

Now considering these various practices of the scribes, it will often be impossible to say which of them has been adopted in a particular instance. If, for example, in a late copy we find the form *rechto* (gen. sing. of *recht*), as we do in l. 26 H, this may be due to the scribe having here retained the Old-Irish form, or it may be a mere vagary of the scribe, for he often uses a final *-o* for *-a*, e.g. *arnechto* 252, *teoruo* 100. Again, if we find in our text such later forms as *rúinib* (l. 28) for Old-Irish *rúnaib*, or *tituil chenelcha* (l. 282) for *tituil chenélaig*, we cannot therefore say that the original contained these late forms. In a piece of poetry there are often alliteration, assonance and metre to guide

INTRODUCTION.

us towards a re-establishing of the original form, but in a prose text we are without such helps.

Still I think that if in a late copy we find among modern surroundings Old-Irish forms almost or entirely unchanged occurring with any frequency, we may safely assume that we have then a copy which is ultimately derived from an Old-Irish source. And in cases especially where we have two or more MSS. of the same text, it will always be possible from a careful consideration of the habits of the scribes to arrive at a definite conclusion as to the original form of the text. This I have attempted to do in the case of our Fragment, and the result at which I have arrived is embodied in the critical text (pp. 20–36) which I have made the basis of my translation. It would be idle to deny that an attempt like this must have in it much of fallible conjecture. Taken as a whole, it is the outcome of my belief that R and H go back to an original composed in the eighth century. This, I think, is evident from the character of the Old-Irish forms which I have collected from both R and H, and of which I will now give a list.

First, as to sounds and their notation.

e in auslaut for later *a*: *brundedhe* 18 H, *dechde* 19 H, *saingnuiste* 93 H.

i for later *ai* (Zeuss, p. 6): *uaslib* 28, *coicil* 122 H, *obil* 336 H, 339 H.

oi[1] for later *óe* (Z. 31): *oin* 56, *noib* or *noim* 72, 75, 87, 158, 419, *coicail* 115 R, *clóine* 327 R, *torroighu* 277 (for *doróigu*), *toiniuda* 196.

eu for later *eó* (Z. 35): *leu* 60, 231, 232, 234, *lev* 56 H, *ceul* 174 H.

Doubling the vowel to mark its length: *ataat* 62, 178, *alaa* 347, *dee* 324 H, *ceetna* 460 R.

ru for *ro* (Z. 441): *rucetau* 186 H, *ruilaigle* 275 H. *du* for *do*: *dvaircellaithir* 106 R.

Non-infection: *maghin* 59 H, *ali* 434, *arale* 451 (*i* added by the corrector), *alie* 405 H, *athinne* 270 R, *sessib* 379, &c.

th for *d* in auslaut (Z. 71): *ingnath* 154, *etarscarath* 306, *mórath* 326 R, *nognathaigeth* 167 R.

d for *th* (Z. 73): *ernaigde* 155 R, *gud* 383 R.

ch for *g* in auslaut (Z. 71): *cathraich* 93 R.

g for *ch* (Z. 74): *tosag* 36 H = *tosugh* R, 208 R, 242 R, *loiseghu* 199 R, 212 R, *cursaghtai* 384 H, *traghtairi* 43 R.

---

[1] *di* is miswritten *ó* in *doriv* 209 R, *dore* 212 R; cf. *indori* Ml. 125 b, 7. 125 c, 2; *donaib drochdonib*, ib. 31 c, 3.

INTRODUCTION.   xi

n for later *nn*: *fochoin* 268 H.
m before *r* for later *b*: mbrechtnaig[th]ib 226.
gg for *ng*: *distiggadh* 262 H, *ime fulaggar* 432 H, *iggair* 470 H.

DECLENSION.

Neuters: *a n-ainm* 10, *ainm n-* 42, *a n-deda* 348, *a treide n-airdirc* 89, *a treide* 380, *a n-dliged* 149.

Dative sing. of *o-* and *jo-*stems: *tosugh* 36, *lucc* 97, 202, 204, *libur* 107, *oenur* 128, 163, *esercciu* 323 H, *esergu* 203 R, *suidiu* 22, *suidev* 412 R, *do indorbou* 325 H, &c.

Accusative plur. of *o*-stems: *salmu* 11, 122, 127, &c., *libru* 47.

Genitive sing. of an *u*-stem: *rechto* 26 H.

The vocative plural *a braithre* occurs l. 406.

In the article notice forms like *forsin* 30, 63, 78, *retin* 125, *lasind* 210, *tresin* 132, *resna* 272, *frisna* 316, 318, *lasna* 75, 245, *isnaib* 52, 380, the neuter nom. sing. *a n-* 10, 89, 149, 348, 380, the feminine gen. sing. *inna* 61 H, 164, the gen. plur. *inna n-* 3, 54, 166, 321, the acc. plur. *inna* 135, the dat. plur. *donaib* 94, the masculine dual *in da* 71.

In the adjective notice the full forms of the dat. plur. *huaslib* 28, *uilib* 94, *ilardaib* 225, *reimeperi*[*h*]*aib* 137, 170, &c.; the comparatives *firiu* 358, *toiseghu* 199, *toirichu* 358.

The feminine *teora* occurs 62, 100.

PRONOUNS.

dondi 282, 284, *arinni* 5 (*arundi* H), 286, 351, *isnahib* 52 H, the relative *tresa* 11, *forsa* 148, 191, the feminine gen. sing. *cacha* 71, *cecha* 326, 327, *nacha* 219, 224.

Infixation—*d*: *nodseind* 38, 40, *nodlabrathar* 370, 373, *fodracaib* 463.

n: *denraut* 156 H, *dinraut* 175 H, *dinral* 342 H.

dn: *do-dn-ucsut* 355.

da: *dodaairinal* 214, *rodacachain* 108, 239 H, *atarimim* 76, *atarurmius* 83, *nadascribthar* 247, *condascrib* 99, *condascribad* 102.

s: *rusgab* 171, *ruscachoin* 135 H.

id: *nachidfarcaibsom* 462.

relative: *amal rongabsat* 70, *cindus rombatur* 207, *nadnaccombra* 431, *intan domberdis* 55 H.

b 2

INTRODUCTION.

PREPOSITIONS.

The distinction between *di* and *do* is well preserved: *denaib ruinib huaslib* 'de supernis misteriis' 27, *di* 10, 24, 61, 77, 88, 277, 322, &c., *do* 2, 14, 25, 89, 90, 92, 412, &c.

H frequently has the old form *dou*, later *dó*: 99, 265, 281, 285, 305.

la and *fri* govern the accusative: *lasna psalmoe* 245 H (*lasna psalmaib* R), *frisna persannu* 315 R (*risna personnaib* H).

foaib 'under them' 157, 175, *indde* 'in her' 221, *airi* 'for it' 234.

CONJUGATION.

Independent (orthotonic) and dependent (enclitic) forms are distinguished: *doairchechain* 85, *-tirchan* 321; *doberar* 286, 288, *-taphair* 191, *doaizilbthar* 135, 169, *-taisilbthar* 159.

Present indicative sing. 1: *imthfag* 474, *atarimim* 76; sing. 3: *asbir* 177, *frisgair* 411, *a[i]rbir* 129, *nodseind* 38, 40, *arfoim* 300, 308, *donintai* 441, *atcobra* 426, 430, *-taitne* 2, *-dene* 302, *doríme* 164, *sechta* 365, 394.

relative: *gonus* 340, *theiti* 472, *teiti* 473.

plural 3: *asberat* 194, *dorimeat* 42, *ispcrait* 232, *fogniat* 466, *immacomracat* 21; relative: *reta* 'qui currunt' 178.

Secondary present sing. *nognathaigeth* 167, plur. *doberdis* 55.

Perfect sing. 3: *doruaraidh* 30, *rochachain* 108, 110, 127, &c., *doairchechain* 85, *-tirchan* 321, *dorochair* 168, *-tainic* 211, *rofr* 213, *dodechaid* 212, *torroighu* 277; plur. 1: *rochualamar* 107.

T-preterit sing. 3: *asbert* 453, *dorermat* 340, *dorormacht* 337, *imrulaid* 468.

S-preterit sing. 1: *atarurmius* 83; sing. 3: *rodersaig* 155, *dorat* 156, 175, *dorinfidh* 173, *roorddaig* 215, *rogab* 222, *roscriph* 215; plur. *rongabtat* 70.

Passive pres. ind. sing. *sennair* 18, 23, 37, 41, *berair* 460, *canair* 284, *tiagair* 297, *-taphair* 191; *condelgdar* 445, *imtnefolangar* 432, *doberar* 286, 288, *tarmibcrar* 24, *asberar* 300, 309, *rosechar* 352, *etercertar* 300, 343, *arecar* 89, 91, *indairecar* 90, *-taifentar* 92, *scriphthair* 232, 456, *suidigthir* 305, *gnathaigthir* 282, 284; plur. *gablair* 231, *gaibtir* 234, *duaircellaitir* 106.

Present subj. sing. *asperthar* 226; pl. *arnaragbatar* 244.

Secondary present sing. *ispertha* 84; plur. *doloigdis* 206.

Preterit sing. *rocet* 188, 199, &c., *arricht* 282, *rohainmniged* 10, 456, 466, *rosuidiged* 180, *etarrose'rad* 312, *romalartad* 334; plur. *roceta* 176, 177, 182, 186, &c., *rohilaigthi* 275 R, *dorurmithe* 86, *airichta* 265, *airnechta* 256, 261;

S-future sing. *adfesar* 289.

Deponent present sing. 3: *-tarsidar* 20, *-tairisidar* 25, *docoscelhar* 257, 264, 267, *imdaigedar* 351, 358, *labrathar* 370, 373; plural 3: *labratar* 370.
Preterit sing. 3: *roorddnestar* 164, *roorddaigestar* 215.
The following Old-Irish particles occur:
didu 366 R, *didu* 428 R, 'diu 81 H, 'divo 428 H.
ceric 264 H.
indul 85, 330.

Lastly, notice the form *nufiadnuise* 86 R (*nuafiad*naise H), the construction *amal ro[n]gab* 'ut est' 65, *amal rongabsat* 'ut sunt' 70; and the occurrence of such words as *imbdaruch* 83; *cesu* 170, and *masu* 230.

From this list of undoubtedly Old-Irish forms I draw the conclusion that the Commentary on the Psalter was written about the same time as the Milan Glosses, i. e. about 750[1]. The language of our text bears a close resemblance to that of these glosses, a resemblance enhanced by the similar character of the contents. The verbal forms, so far as they go, seem to me to offer the most conclusive evidence. I would especially draw attention to the fact that the verbal particle *ro* is, with one exception (*asbert*, l. 453), always found prefixed to past tenses, and to the non-existence of such a form as *dobert*, the verb *dobiur* being used only in the present and future, and not in the past tenses, where *dorat* takes its place (see ll. 156, 175, 342), two facts, which Thurneysen (Rev. Celt. vi. pp. 322 and 328) has shown to be characteristic of Old-Irish before the end of the eighth century. I regret that my knowledge of patristic literature is not such as to enable me accurately to infer the date from the contents. But perhaps the circumstance that Bede (†735) is the last commentator mentioned in our Commentary, is worthy of consideration.

The Fragment, then, I take it, is one of the few scanty and garbled remains that have reached us of the earliest literature of Ireland. The need for such a Commentary in the vernacular must have been early felt in the Irish schools; for the Psalter was the first book put into the hands of the clerical student[2].

It remains to say something on the arrangement of this book. By

---

[1] See Thurneysen, Revue Celtique, vi. p. 318, whose conclusions I endorse.
[2] Thus Fiacc, son of Erc, having just had an *abgitir* or abecedarium given him, *légaid a talmu i n-denlô* 'reads his psalms on the same day,' see Trip. Life, p. 190, 8.

a mistake the Notes and Glossary have gone to the end of the book instead of immediately after the text which they are to illustrate. In the notes I have collected the passages from the Latin commentators, which the Irish commentator quotes. It will be seen that in several cases I have been unable to trace these quotations, and that the name of one of the authorities mentioned which in R[1] reads *Sap.*, generally the contraction for *Sapaist* or *Sabaist*=Sebastianus, is obscure to me.

In the Glossary I have collected all the words and the most important forms, adding a few references and *Belegstellen* where that seemed desirable. If I have added hardly any references to the Old-Irish glosses, the reason is that these can now be easily found in Ascoli's great work, to which I here refer once for all.

I hope that the Appendix will be interesting not only to Irish scholars, but also to students of folklore.

In conclusion I wish warmly to thank two friends, who have throughout encouraged me by their interest, and frequently aided me by their advice, Mr. Whitley Stokes and Professor John Strachan of Owens College.

K. M.

UNIVERSITY COLLEGE, LIVERPOOL,
    May, 1894.

[1] H omits the name.

ADDENDA AND CORRIGENDA

TEXT.

P. 26, last line, for *esreud* read *esrédiud*.
P. 28, l. 12, for *ernaigth efil* read *ernaigthe fil*.
P. 30, l. 23, for *co n-déne* read *co n-déni*.
P. 32, l. 18, for *dotagar* read *dothagar*.

As to the use of *do-aitnim* 'I shine' (l. 1) in the metaphorical sense of 'I please,' compare *donaitni* gl. ubi dies opportunus arriserit, Bed. Carol. fol. 44 b, and see the first quotation on this passage by Zimmer, Glossae Hibernicae, p. 251.

With *mórath cecha fírinne* (l. 326) compare LBr. 261 a. 18:

    Mórad cecha fírinne
    issed dlegar duit.

With the quotations from Isidore and Cassiodore (ll. 420, 446) compare Félire, p. clxxx, 36: Beatus autem dicitur quasi bene auctus (vel aptus), ar ba cain in tormach dó-sam.

APPENDIX.

The first story in Rawl. B. 512 (see Trip. Life, p. xiv) is the conclusion of *Gein Branduib mic Aedain ocus Aedain mic Gabrain*, of which there is a complete copy in Rawl. B. 502, foll. 47 a, 2–47 b, 1.

P. 52, l. 14, for *sldaig* (MS.) read *sliag*.

P. 65, l. 13. I now think that *cen cop fial fri fénechas* should have been rendered: 'though he be not liberal in hospitality.' Cf. féine .i. brughaidh, O'Cl. and see Windisch, Ir. Texte, iii, p. 272.

P. 68, note 1, after *mennata* insert *.i. tigerna for cech feronn*.

GLOSSARY.

airm 'locus.' This seems to have been a neuter stem in -man. The nom. plur. *armand* occurs in LU. 134 b, 38:

    Indid dam-se cltn armand
    hi fil chend erred Ul[ad].
    Tell me which are the places
    In which there is a head of an Ulster chariot-chief.

reta 'qui currunt.' Cf. inriuth retae inna airndrethcha, Bed. Carol. fol. 18 b, 12.

screptair. I now think that *screptra* is borrowed from Lat. *scriptura*, the *i* having become *e* as in *terepul*, *desciput*. The dat. sing. occurs in the Book of Fenagh, p. 200, 9: géin marus 'san screptrai; ib. p. 204, 21: céin no marad litir i screptra 7 i scribend.

tlagaim. The form *dolagai* occurs in LU. 65 b, 11.

Duid David. Cf. LL. 14 b, 47: i n-amsir Dúida maic Iase.

MS. RAWLINSON B. 512.

fo. 45 a 1.

IShe titul fil indreich ind
lipuirsi taitnea domenmannaib
innalegnidhi IShe aainm isindeb
ro hespertalim .i. uolvmen ymnorum amal asperar liber
5 psalmorum arinni is psalmus is lus
vel imnus eterchertar. Ceist ciahainm in
libuirsi aebra agreic allaitin. niansa. nab
la inebra psalterivm isingreic lauda
torivm vel organum isinlaitin. Ceist can
10 rohainmnigedh do anainmsi. niansa. din
croit tresarocachain duid napsalmv .i.
nabla aainmsithi isinnebra psalterivm
ingraeco lavdatorivm vel organum inlaitin
aranni isorganum isainm cenelach do
15 gach chiul araairechus Nabla immorru
niainim cenelach docach croit achtis cithara
ainm cenelach cacha croiti. Cythera .i. pcc
toralis inbhruinnidhi .i. iarsanni sendair
forbruinnibh. Nabla didiu cruit deichdi
20 .i. cotarsidar o .x. tetaib sinnair o .x.
[mé]raib. immacomracat nadeich tim
na furi anuas bid abolg disuidiu
7 isanuas sennair nodfornduther
aceol indi. Tarmiberar disuidaiu

25 *con*did ain*m* do*n*lip*u*rsv *con*tairisidar o
deich tetaib indrechta f*etu*rl*ici* doinfi
dir de s*u*p*er*nis mist*er*is sp*i*rit*u*s sa*n*cñ .i. den
aib ruinib hvaslib i*n*spirvtanai*m*.
psalt*e*riv*m* songr*e*cdu insein is*ed* ainm
30 doruaraid*h* forsinlep*u*rsv. Arrecait*er*
nacet*ri* suin comcobnesta .i. psa
lm*us* psalt*e*riv*m* psalmista psalmo
div*m* psallo. C*e*ist can dorroic*h* in
tain*m*nig*u*dsv. nia*n*sa. is*ed* isp*e*ir esodir bid
35 psaltis anim ciuil. ψ gr*e*cda i*n*na
tosug*h* psalm*us* seini*m* huad psa
lt*er*iv*m* an*n*(sendair and psalmista
ain*m* indfir nodseind psalmodi
v*m* ani*m* i*n*c*h*iuil sen*n*air and psallo
40 br*i*atha*r* indfir nodseind. || tair i*n*nv
[C]*EIST* ciasi ani*m*nairme fil isi*n*tsal

fo. 45 a 2:

ath*ad* fo annila*r*. ISs*ed* dorimeat al
aile t*r*a*gh*tairi co*m*tis .u. lib*ui*r intpsalt*ai*r
v*t* d*ici*t elair psalt*e*riv*m* d*au*id i*n* .u. libr*o*s
45 diuidit*ur* ubi fiat fiat fiat fi*n*is
sit. Saltair d*ui*d (odailt*er* icóic
libru co*m*bad f*o*rcind lib*ui*r nac*h*mai
gen imbi fiat fiat. ISS*ed* im*m*orru isp*e*ir
hiro*n*im*us* ama*l* nach f*o*rcend lipair nach
50 maig*ai*n imb*í* amén amén isi*n*tos
cela Ni f*o*rcen*n* lib*ui*r da*n*a nac*h*mai
gen imbi fiat fiat isnaib psalm*ai*b
ISs*ed* da*n*a f*o*rtét ingn(maib nanap
stal. 7 inandescipvl 7 inades
55 merachtaib .i. i*n*tan dob*er*dis des
m*er*a*ch*t asi*n* c*h*anoi*n* bahoinlebo*r* leo
intsaltair v*t* d*ici*t petr*us* scr*i*btu*m* *est* i*n* libro
psalmorv*m* 7 nied*h* namma da*n*a nach
maigin inairimth*er* [in dá lebor fichet (etarlicce
60 isind áirim óinliбuir atr*i*mter] intpsailm leu.

C*EIST* cisi erndail diernailib naca*noine*
fo*r*ta napsalma. Arataat deora
erndaili fo*r*sin canoi*n* fe*turl*icci .i. torath 7
pro*f*etia 7 agiog*r*afa. Torath am*al*
65 rogab .u. liubra moise .i. genis ex
ticic leuiticic nú*merus* diultornimium
.uiiii. lib*uir* nafastinei .i. lib*uir* iesu ben
nun. soptim samuel. dabriemi*n*
esiaias heremias etzicel. tar
70 as t*r*a pr*o*fetia am*al* rongabsat na
.IIII. p*r*imfaith. 7 i*n*daminfaith dec
agiog*r*afa in*n*anoimsc*r*ibenda v*t es*t le
bor ioib 7 t*r*élebro solomo*n* .i. p*r*oue
rbia eclesi*astes* 7 soirim. can*ticum* canticor*um*
75 7 intailim lasnanoibscr*i*bainna
atarimim am*al* sod*h*ain. C*EIST* cisi gnu
is dign*us*ib nacanone fo*r*ta naps
almo. Aratat cetr*i* gnu*s*e fo*r*si*n* can
one fe*turl*icci .i. historia pr*o*fetia
80 pr*o*uerbialis spicies semplex do
ctr*i*na. Pr*o*fetia did*in* isi gnuis fo*r*ta
nasalma 7 cind*us* ón 7 is la noeb
scri*p*ain*n*a atad*r*u*r*mius himbvarvc*h*.

fo. 45 b 1:

Ni a*n*imarcidi do*n*o cia isp*ert*ha disi pr*o*
85 fetia indul doairc*h*ec*h*ain do *christ* 7 do
nufiadan*u*re ni an*im*arcida*e* cia doru
rmithe la noimscr*i*binna arnifil
di*n* c*h*anoi*n* fe*turl*icci n*i*rbes nobim. ET a
tre*i*dae nairdirc arrecar docac*h* hsairsi
90 indairecar do*n*tsairsisea .i. loc 7 ai
ms*er* 7 p*er*su. arecar eim. loc dó iudea
atir mac nisr*ael* 7 nitaisfentar donac*h*
cat*h*raic*h* saingnu*r*tai fobait*h* iafo*r*citvl
cinelvc*h* do*n*aib*a* uilip*h* duinip*h* indomain
95 doc*h*oisi*n* an*n* 7 nipv techta inbriat*h*ar
diad*h*ai spirtuid*a*i do tairc*h*ill 7 do scri

B 2

phund indoenlucc u*tes*t uerb*um* sp*ir*itale
co*n*p*r*ehendi 7 sc*r*ıbi invno loco no*n*debuit.
Aimser do d*u*id 7 ishe co*n*ascri*ph*. arite
100 teora aim*ser*ai arrechaither di*n*chan
oin fet*ur*laice .i. aim*ser* ríg 7 aim*ser* breiti*man*
7 aim*ser* sacairt. INaim*si*r ríg di*diu* co*n*ascri
bad .i. aim*ser* d*u*id. p*er*san im*morru* isild*ı*a am*al* as
be*ir* hisi*d*or. psalm*us* d*au*id qu*i*nqu*am* i*n*uno volumine
105 co*n*cludunt*ur* .x. uiros ce-cinise addi
uidim*us*. Sali*m* d*u*id ced dvaircellait*h*ir
i*n*doenlibur roc*h*uala*m*a*i*r is .x.ne*m*bor
rotacachai*n* .i. moisi d*au*id salemo*n* asab
idadun ema*n* assar abisar filii c*h*o
110 re aggi*us* zacarias C*eis*t cisl*i*r rocac*h*
ai*n* cechfer disuidib ni*an*sa maisi da ps
alm .i. exurga*t* 7 do*m*ine refugiv*m*. D*u*id c.xui.
salamon dasalm .i. d*eus* iudiciu*m* 7 n*is*i dom*in*us
Asab .xii. otha q*u*a*m* bon*us* his*ra*el non *ach*t uoce i
115 cocetul frīdadun 7 d*eus* deor*um* asi*n*coicait
tois*ech*. idadun dasalm .i. dixi c*us*todi*um*
7 none deo hicocetul f*ri*a asab. eman
do*m*ine d*eus* salu*ti*s hicocetul f*ri*a m*acc*a c*h*oir
7 uoce. Et*h*an .r. salm .i. misiericordi
120 as fil*ii* c*h*ore .i. dam*a*c c*h*ore .i. asar 7
abisar .xii. psalm*us* *n*o ps*al*mos ot*h*a q*u*e*m* admodu*m*
corrici. d*eu*s deor*um* .iiii. salmu asi*n* coecait
medonach hicocetul f*ri*eman .i. q*u*am dilecti
7 dixisti 7 fundame*n*ta 7 do*m*ine d*eu*s salu*ti*s
fo. 45 b 2:
125 aggius 7 sacarias naho*ch*t sailm resin
mbiait 7 na lavda Huair tr*a* is deich
nem*ur* rochachai*n* in*a*psalmu cid ara
c*ur*th*er* anugt*ur*as hilleith d*u*id aoen*ur*. ar i*n*
tan arb*ir* bit*h* inscr*i*bt*ur* oc deimniug*u*d nac*h*
130 dligid do deisimbrecht asnapsalm
aib isilleit*h* d*u*id aoenar focert anug
t*ur*ras Ni hingnadh annisi*n* tr*e*si*n*ngn

uis cenelaich asinechtoche .i. totum pro
parte 7 pars prototo. ISmenunn is dauid
135 aoenar rocaachain innapsalmv acht do
aisilbthar alaile dib dona persunnaib
reimepertaib. Arimairceta aceille 7
anintliuchta friu us dicit helairius non est
ab no obscuris innostra fide solum dauid totos
140 psalmos cecinise. Sed propter conveni
entiam opervm illorum alii psalmi pav
tantur alis personis Sapaist Certum
est dauid augtorem esse omnivm psalmorum
peruenentia opervm alii psalmi alis per
145 sonis deputantur. Grigoir Personam
unam inpsalmis affirmare nonpos
sumus propter tractatorum discripantiam
Nam alii dauid tantum Atta ni forsatæt
andligedsa 7 nidianechtair acht isin
150 tsaltair immedon .i. intitul aspeir defici
erunt lavdes dauid INcipit psalmus
assab ised dicit hisindisein islaaa
sab inpsalm 7 alaili psailim olcena
Ni hingnath annisin hisinasab ro
155 dersaig inspirut noeb indidim 7 ernaig
de napsalm 7 dorat dauid bindius 7
cupdius foaib arbafaith arbafile
forlán dorath inspirutanoib. ISsed
cethardaa arataisilbthar intpsa
160 ilm alis personis. Airecc intliuchta
7 gnathugad cetail imaircideta gnima
7 ruin ainmnigtir. IS gle isdeimin
is dauid aoenur rogab no rocachain na psalmu 7 ised
didiu dorime insenchus inna feturlicci roordd
165 nestar dauid cethrur nairechdai fricetvl na

fo. 46 a 1:

psalm dothus innaclas .i. assab eman ithi
tum ethan 7 alailiv leo olchena Anni nogn
athaigheth cach forcach clais dorochair ind

ilsita do ⁊ anainmnivgud ISaire eim doaisil
170 bthar intpsailim dona persunnaib remepertaib ce
su duid aoenur rusgab ISmenvnn isfir dib lin
uib is la hasab inpsalm ⁊ isduid rochachain
.i. inspirut næm dorinfida immenmain nasaib
incivl ⁊ innintliucht fil isintpsalm ⁊ isduid
175 dorat cuibdius foaib. CEIST intre prois
fa in tre metur roceta intailim. Tre metur tra
raceta .i. meturdacht alacda. acht asbir
cirine. ataat .u. psailim retaa tremetur
saingnustai .i. noli ⁊ confitebor ⁊ beatus
180 uir resinmbiáit dono ⁊ exultabo. Rosuidiged
iarum aibgitir ebra forcach næ dotaidibasea is
tremetur roceta isindebra ⁊ ni tre óinmetur ro
ceta omnes psalmos apud ebreos metrico car
mine constant esse compossitos. psalmii iam
185 bico carmine currant alii exametro pede.
CEIST in tre metur fa treprois ro ceta intpsai
lm. nicumdabairt fricirine is tre metur .i. metur
dacht alacda. amail is tre metur ro cet inchan
taicc solomon ⁊ indlamcomairt libuir
190 ierimie. Atat immorru .u. psailim sainreth
cha isintsaltair forsataphair indapgitir
ebra .i. nolii ⁊ confitebor ⁊ beatus uir resin
beat ⁊ inbiat ⁊ exultabo te deus meus. dothai
dibsin dun is tre metur ro ceta ⁊ asberat combad
195 eiligia cummetrum .i. metur eligiecda no dactalda
CEIST ciasi ord fil forna psalmu innord toiniv
da fa intord frescabala fa indord ceta
il. ninachæ. acht isordd ruine ⁊ imairc
idetaid. Aris toisegav rocet incoecat
200 mad psalm .i. miserere mihi deus. oldas rocet
intrepsalm .i. domine quida. imaircideta
cid isin tresslucc nobeith anpsalm ad
indet donesergv iartredhius. IMmairc
idai dana cida isin cæcatmada lucc no
205 beith inpsalm naithrigae fouaita isico

ictaigdi do loigdis cinaith la haos rechta.
fo. 46 a 2 :
CEIST cindus rombatur intpsailm hi
tosugh. Niansa. imblogaib 7 esrevd
cosindoriv baibilonde condeochatar
210 mudaaiga hitempul lasind canoin
ol chena cotainic incethramath
toisich adamra do dechaid asin dore
.i. estras is do rofr inspirut naom anath
nugud treagivn. 7 isé dodaairinal ind
215 oen lebar 7 ro scriph 7 ro orddaig
estar atitul re cach psalm. ISv
atata tra 7 isilda indleborsa .i. for
gnuis oenlibuir dianechtair 7 ilpsa
ilim himmedaon focosmailis nacha
220 catrach tonimcella oenmur dianecht
air 7 iltegdaisi imedon indde
IS foannindussin rogab intsaltair
.i. forgnuis oenlibuir dianechtair 7 ilps
ailimb himedon foacosmailis nacha
225 tegdasi adamra coscrinaib ilardaib
conitsadaibh mbrechtnaigaib coneochtraib
saingnustaib doerslocad cachai. Ata
didiu eochair saingnusta re cachpsalm
.i. atitul. CEIST indenaib psalmaib
230 intitail Masui dinapsalmaiba cida
aragabtair lev Minip dinaibpsalmaib
cidarscriphthair lev ISperait alaili
comdis dinaibsalmaib intitail 7 is
airi nadgaibtir lev fouaith nach airnaig
235 thi fil innib Olsodain nadmaith fri
cirine ciasperthar arnidinaib psalmaib
intituil. Aris duid aoenur rocaachain
innapsailm 7 apsalmchetlaidi imbi
INtitail immorru estras rochaciainidai vel com
240 tis ailiu trachturi olcaenai. Ata dedi ara
scribatar intituil tria derg arbatriaderg no

scriphtar intpsailim he tosvgh uli ria
naimecataiṅ duib ꜟar ᴅarɴᴇᴄʜᴛaɪᴅ duibʜ didiu scripthar intpsai
lim triadub 7 intituil tria derg arnaragba
245 thar lasnapsalmaib. Ata coicthi ona
idilcnigtair ecna 7 latar napsalmb
adó dianechtair nadascribthar .i. argv

fo. 46 b 1:

mainte 7 erndail. Atri dib imed-
on scriphthar .i. titulus 7 diapsalma
250 7 sinsalma. CEIST cid ani isairgv
manti. niansa. acute mentis inuentvm
airecc memman aith no acutum inuentum
no aithairecc. bid briathar argvmon
.i. ostendo. Argvmentvm didiu .i. os
255 tencio taidibsiv. CEIST ciatarb
atv frisindairnechta argumenti
.niansa. defasnes naceilliu docosceth
ar tria cumbre mbriathar ut dicit hisidor
Argvmenta sunt quae causas rerum osten
260 dunt exbreuitate sermonum longum
sensvm habent. CEIST cia torbata fri
sinairnechta erndaile niansa do dist
engad naceille dodestengadar vel
do coscethar. CEIST caiti deochor etir in
265 argumaint 7 intitail. niansa. isdo airicta
nahairgomainti dofaisneis nace
ille do coiscethar ut diximus. Titulus
de fursandvd natucaiti 7 indfoch
aind frisarochet inpsalmb. CEIST can
270 ata anni istitalus. niansa. bid titio atinne
7 titulus huadᴀ 7 titan grian titalus uadᴀ
Atat tra cethri tituil chenelcha resnaps
almo cénmotha nasainganustai .i. psal
mus canticum. psalmus cantici. Canticvm
275 psalmi. CEIST ciacruth rohilaigthi 7
caiti deochor eturru. niansa. issed derigne duid fri
a dedencha. Torroighv .iiii. mile togaithi di

RAWL. B. 512, fo. 46 *b* 1—46 *b* 2.

maccaib hisrael friacetal 7 gnathagvd na
psalam dogres cen nach tairmesc netir
280 Trian dib friaclais trian friacroit trian
etir clais 7 croit. IS do isdir anní
ispsalmus dondi arricht 7 gnathaigtir
hicroit. IS do isdir inni iscanticum
dondi gnataaigtir friaclais 7 canair
285 hicroit. IS do isdir inni ispsalmus can
ticll arandní doberar acroit hiclais
IS do isdir inndi iscanticvm psalmíí
dindí doberar aclaiss hicroit. INtitail

fo. 46 b 2:

saingnusta adfesar dosuidib arcind
290 innallocaib sainredschaib. Diapsalma 7
sinpsalma. Cate deochor eturru Madiar
ceill cirine diapsalma cetumus semper
interpretatur significans alterna *esse* uicina. Sin
psalma doincosc morolusa. IShed immorru
295 aspeir augustin diapsalma interuallum uel in
psallento. Sinpsalma uocum coniun
ctio .i. accomal ngotha. CEIST cinnus tiagh
air inanindidai. niansa. arrecar ainm nevturd
ai grecda psalma psalmatis iunctio
300 ised etercertar. Arfoim intemodigvd
ngrecda asperar dia. Coceill etarscartha
condene diabsalma 7 disiunctio ised
eitircaertar immorru .i. eatarscarad naceille 7
indintlichta 7 napersaindi 7 nafor
305 gnuse bis isintpsalm. IS do suidigtair
anni isdiapsalma doetarscarath
neich adrocomallnad triamierlegend
Arfoim dana anainm cetna indremsuidiugud
grecdai asberar sin 7 con. ised etercertur condene
310 sinpsalma 7 coniunctio ised etercertar. is do
suidigthir anní assinpsalma doaccomal neich
etarroscrad triamierleginn. Ata cethar

[IV. 8]   C

dai as toiscidai isnapsalmaib .i. cet
nastoir 7 stoir tanusti siens 7 morolus
315 Cetnastoir friaduid 7 friasolomon frisnaper
sannv remeperta frisaul friabisolon fris
nahingrintidi olcaena. Stair tanusti
frizeciam frisinpopul frisnamachabda
Siens fricrist frisinneclais talmandai 7 nema
320 daai. Morolus friacach noeb. CEIST cid
diatirchain fáitsinei innapsalm. niansa.
digein christ 7 diabaitais 7 diachesada 7
diaergai 7 fresgabail díasuide fordeis
dé athar indnim. Dotaochuireda gen
325 tiu aniris. De indarba Iuda inham
iris. Domórath cecha firinde. Do
dinsim cecha clóine. Domallachada
pecthach. Do thaidaecht christ domesim
necht forbiu 7 marbv CEIST ciatintud
fo. 47 a 1:
330 forata napsalmv indul ata coic tin
taud foraib .i. Tintuda septin. Tintuda simm
aigh. Tintudh theothais. Tintuda aquil. Tin
tuda cirine. Tintud septin eim is he fil
fornapsalmaib 7 ishé romalartad
335 oco. Tintúda asindebre isinngreic isinlaitin
Corocertaigh cirine foobail 7 aistrisc
.i. nachní dorormacht septin nad
rabi ifirinne nanebraide dorat cirine
obail (+) fair. Obail didiu .i. uirga iugal
340 ans .i. flesc (+) gonus. Nachní immorru dorer
mat septin robui hifirinne nanebraide
dorat cirine astrisc fair.. Aistrisc
no :|: didiu stella diens etercertar. Cetnai
psalm indso. CEIST cetta arocetai
345 dinapsalmaib. [I]Sed asperat sési natra
chtaire combad te decet. asperat ar
aile combada benedicti. ataa ani
asfiriu oldas andedasa .i. istoisichv

rocet pusillus eram.7rl. CE*IST* cidarinne
350 indpsalmsa remitet nahuile psal
ma. niansa. arindni imdaigedar bestata
7 morolus and. aris tretroccuri rosechar
firinne 7 cresine. IS foidire dvine
dicornail centuir aritgnima a
355 trocuri dodnucsvt hifirinne 7 cresine
Huair didv is tre trocuiri 7 hfirinne
dotægar hicresiniu. I*m*Maircidae didiu
inpsalm indimdaigedar gnim 7 bes
tata 7 morolus cidhé nobeith hirem
360 thechtus napsalm. CE*IST* caiti argvmant in
tpsailimsi. niansa. inhocpsalmo omnes
gentes genaraliter hortantur asdvdia
uirtutum incitat simules docet quae
merces bona pena mala consequitur.
365 CE*IST* cidarnatechta inpsalmsa titul
niansa ideo primus psalmi non habet titulum quia
titulus omnium psalmorum est. Primus psal
mus olbeid titulum nonhabet quia capiti
nostro domino saluatori. De quo obsolute
370 loquitur non debuit proponi. Arcenod
fo. 47 a 2 :
labrathar intailim desium nilabrat
ar psalm dia comairbiurt bith amal
nodlabrathar inpsalmsa. Nam
licet alii psalmi deipso multa
375 diqunt. Nemo tamen de eius conuersati
one quae fuit interris sic loquitur hic psa
lmus caput totius operis ponitur 7 adevm
quae dicenda sunt cuncta respiciunt
Asberat tra fairind dosesib natrachture
380 atreidai congaibther isnaib psalmaib
congaibther isintpsalmsa aoenar
.i. vox difinitionis guth erchoilte.
vox consulationis gud comdidanta.
vox increpationis guth cursachta.

385 Primus psalmus titalus est omnium ps
almorum quia ineo continentur tres voces
omnium psalmorum .i. vox difinitionis. uox con
sulationis. uox increpationis. IShe uox
difinitionis and otha beatus uir usque die ac
390 nocte. IS he vox consulationis and o
tha die acnocte vsque prosperabuntur
IShe vox increpationis and otha prosper
abuntur usque infinem .x.li. fersa ann
CEIST cid arnatechta anpsalmsa
395 brethir fochosmailis inanoebcaan
one olchena. niansa. [Ut non habet liber Isaiae .i.
Isaiae filii Amos ut non] habet liber mathei .i.
liber generationis vt non habet liber mairc .i. in
itium euangelii 7 apocolipsis iohannis
400 7 liber apostolorum .i. paulus apostolus 7rl. ISfo
annindursa nitechta inpsalmsa brethir
.i. beatus uir amail aspeir hisidor. Moris est sc
ribturæ sancte instrumenta verborum diui
tare legendvm vt sonat. consuetv
405 dinem indiget. Aspert dana grigoir ceill na
ile and abraithre. Aspert dana ci
rine ceill nailiu and uerbum spiratuale
humano ol grigoir. Nithechta duinne tu
illed noibscreptra dianechtair ol
410 nach tan do furgaib intaugtur brethir for
agin sechtair bid briathar foramenmain fris
gair dosuidev vt dicitur illud verbvm quod foris

fo. 47 b 1:

protullit illi verbo quod intus latebat
coniuncit.|| combadedh aainm psalmi
415 CEIST cia hainm indlibuirsi. niansa. dicunt ali
dauid uel .v. libri psalmorum .i. combad
forcind libuir beuss nachdu hifil fiat
fiat. fochetair didu atason is
napsalmaib. Nicoir didu annisin
420 acht ised aainm liber psalmorum. CEIST caiti

saigid inne isinni as beatus isi saigid
inde asbeir isidor and beatus quase bene av
ctus scilicet abendo quod uelit 7 non
patiendo quod nolit. Ata ani as be
425 atus amail bid caintorm-machtaid
arindni techtus na hi atcobra. ille
enim uere beatus qui habet omnia quae uult bene 7
non uult male. de his enim duobus bea
tus homo eficitur. IShe infirfindba
430 thach no infirion atcobra nahui
le beatusa inemlai 7 nadnaccom
bra indulcc isondedasa immefo
langar cach dune findbathach
Dorrime dono seregiuss inninali nand
435 .i. beatus quasi uiuatus. Ata anni asb-
eatus amail bid beoaigti eo quod sci
licet uita eterna fruitur. Aranni
arbarbith innaesa dilmain onbeta
aid sauthain. Airrecor ainm neccom
440 tiga hisincethramad ceniul na sul
baire romanta .i. bes 7 uita donin
tai. Bid verbum asé .i. beo exceptii
dichobedin tanaise forcetnacaobedin. Beatus
arandgabail sechmadachta. Bid anim nadiecht-
445 forcetal randgab‾ 7 condelgdar tr
esnatarigrad. Dorime dano casi
odorus inninaile nand .i. beatus quasi
bene aptus .i. amail bid cainullmai
gthe nadasaigti. Dorime dono am
450 bros beatus quase bene felix. 7 bid ceca
tur de araraile .i. beatus is caintorm
achtæ. isbeoaigti indiucsa infech
tnach .i. uir. Cid nach homo asbert

fo. 47 b 2:

niansa. nachairm ata homo his isin scrip
455 tuir is do tormach aprisce doen
da scripthuir ar is abumo rohai

nmnigid. Uir immorru auirtute anima
intribvlationeis. rohainmnigedson dono cid
asalucc cetharda. Friahaimsir duid
460 berair ceetnastoir napsalm. Frii
esu irechitis instairiud ishesidai
nachidfarcaibsom indaimsir indin
gremma cedfodracaib cach. IS find
bathach didiu infer qui non abiit combeth
465 inconsilio. Arisbriathar saigthetaid
docum luic abeo 7 is friasidae fogn
iat intrachturi ceill naile .i. qui non abiit
iseside nadimrulaid artiagait cid
na fireoin hicomairli napecdvch no
470 inahingoir 7 nifethligid indi. Hab
eo didiu as do as diles anbriatharsain
do fir theiti coriga 7 dotaæt huad
7 doromenathar ni dorad fris 7 teiti
qgi doridaisi. Habeo didiu vad imtiag.

VARIOUS READINGS FROM MS.
HARLEIAN 5280.

[fo. 21 a] 1 [Is] titol drech anliuboirse   2 taitne me*n*monduib   3 inalegnide e isandep*h*re   4 uoliume*n* uminor*wm*   5 arund*i* laus   6 ainm anliupoirse ae*prau* agreg illatin   8 indepru   9 isanladin   10 roainmnig*ed* indainmsen   11 rocac*h*oin nasalmo   12 ahainm isendebru   13 inlatin   14 arindi   ainim ceneluch de cec*h* ciul aroairech*us*   16 hainm cech cit*h*era   17 cecha cru*i*te   18 brunded*h*e iersanni sendor   19 pruindib   didiu *om*. cruit dec*h*de   20 cotarisset*h*ar   sennair 22 furrie induasu disud*h*iu   23 enduas sennoir notfornit*h*er iciul inde   24 tarmb*er*or dis*ai*de   25 conud denliub*or*so contarisset*h*ar   26 anr*ech*to fetorloice 27 dinib*h*   28 rúnip uaislib an sp*ir*ta noib   29 gr*e*gda insen iss*ed*   30 deruaroid*h* forsen lib*or*sa arecaiter   31 coic comc*um*nestae   33 doroic*h* antainmnic*ud*so. 34 iss*ed* essodir bit   35 ainm   36 tosag senim uad psalmista ainm anfir notseind psalterivm indi sendoir ann   40 notsendair   41 ciaso   42 indilor dirimet alali 43 tracht*aire* comdis   46 psalterium fogailter a   47 comm*ad* forcend liu*h*uir nachmag*h*in   48 ambi   49 hir*onymus* am*ail* nachmaigen ambi amen amen isatsosce*h* nach*i*forcend lib*uir*   51 dno   52 ambi isnahib   53 dn*o* angnimib nanapst*ai* 7 innandess*m*prect*aib*   55 antan domp*er*dis desmb*rechi*   56 asan canoin hoinlib*or* lev   57 petrus si scr*i*utus lip*ro*   58 nam*a* dno   59 mag*h*in indairmigt*her* indalevbor *fichet* fetorloice 7 isandairim oinlib*uir* atrimt*er* intpsailm lev   61 ciase ernail dierndailib innacanoine   62 psalmo [fo. 21 b] arut teora   63 ernaile torud*h* 64 7 *om*.   65 moesie geniss extic   66 leuitic nu*merus* diuitornimium   67 ocht nafast*ine* iessu   68 sobhtim   69 esaisas herimias etrichel tarus   71 cetri primfatha 7 nada minfaith .x.   72 innanoibscriu*h*enna   73 ioip tre lebaru   74 eclesi*astes* rosrim canoin canticorum   75 lesna noibscribendou   76 amal sodoin cise gnusse   77 dignusib canoine ier*um* for*t*aa   78 arietat cetri gnuse forsan canoin 80 spicies semplex   81 diu igaus   82 7 *om*. cindus on is lia noeb scribinda 83 atrimtim ambuaroch   84 hanimaircide dono *om*. esbertha disse   85 andoúl doarcechain   86 nual*h*iadnaise hanimaircide dno dorurmithea lie noibscribonda 88 don   fetorloce ni bus nolbe Et   89 treide noird*er*c airecoir cechsoirse 90 inairecor dentsoirseso   91 p*er*sae airiucor em dii loc iudae   92 atir taspentor de   93 locc sainradhach *no* sainguniste es forcet*ul*   94 dinib uilib doinib   95 docoissen bod*h*   96 dotairceld scribend   97 ancenlucc u*er*bi spir*i*tale   99 dou

16 VARIANTS FROM HARLEIAN 5280.

aimser isse condascrib 100 teoruo arrecaite*r* 101 aimser brethimon 7 aimser rig 102 sagairt dno condoscribod*h* 103 persoin 104 isp*er* ir. psalmos qunq*uam* in uolum*i*ne 105 cecenisse adiudiuim*us* 106 sailm cedoaircellaiti*r* 107 rocolomor dechenb*or* 108 rodacachoin moisis salimon 109 apissar filicore 111 dossi*d*eb mois 112 exuirget d*ui*d trisailmb .x. 7 .c. 113 salmon diepsalmb ed 114 assap dapsalmb decc ota bī non ac*ht* 115 frie idadún isancevacoid 116 toisech die cusdodiat 117 none dno [sic] assabb 118 ria ma*cc*aib core 119 etan missericordias 120 assar 121 psalmos ota qv*em* at modu*m* 122 corruce cetrie psailmbe isancoicit 123 medonaicc*h* fria qvam dilecta 124 benedixisti 125 aigius salmo riesa*n*mbiaid 126 7 lauda d*ei*c*h*enpor 127 rocain [sic] nasalmba 128 cuirethor anugdaras ille; oe*n*ar [fo. 22 a.] 129 airbir scribtuir demniugu*d* 130 desimbrechtaib 131 isaleith oenor focerd anaugdaras 133 assanechtodoche 134 menonn diu 135 oenor ruscachoin inasalmo doaselbt*h*er 136 alalie denapersandaib 137 ocacellie 138 indinntlechtae fr*i*u .1. 139 abscurm*i*s [sic] totós 140 cecenise conuenentiam 141 op*er*a ali pautant*ur* 142 alis sap o*m*. 143 licet a*dd*. 144 per conuenentium alí psalmi affirore n*on* posuimus prop*ter* trachtatorum discribanciam 148 toet 149 so 150 armedon deficerunt 151 psalmos 152 isan*í*sen islie assab· 153 arolie alcena 154 inguad indisen bisen asabb dedeirrscn⁻ 155 indidium*h* ernoict*h*e 156 denraut 157 fooib arbofaith bafilie 158 forlán dirath sp*ir*tu nóibh 159 cethortae arutaiselu*h*t*ar* 160 alis arecor indtlichta 161 immaircetid ae 7 gnim*h*a 162 ainmnig⁻ glee dem*h*in 163 oenor rogaub napsalmo 164 derime nafedorloice roordnesta*r*side dauid*h* 166 dethús naclas ituthum 167 aroilie alcena 168 forcechclaiss dorochoir asaindilseta 169 airesen dosaselbta*r* 170 dinaib 171 menonn isadfir 173 noeb amenmoin nassaib dorinf*i*d anceul 174 fil isant (psailm) 7 du*i*d 175 dinraut cuibdes foib fa antre 176 fan intrie metor 177 rocetav dactalcda atber 178 reta 179 confitepur 180 riesanmbiait 7 inbiaid dna 7 exultabo 181 ditaidbse 183 epreos metrica carmina 184 constat compositum psalii 185 currunt [fo. 22 b] 186 fá intreprois rucetau 187 conntaba*ir*t rie edon 188 dachtalc*da* amoil rocetu incantoicc 189 solamon 190 ataid imorú coicc psailm isant psalta*ir* forsata aibgit*er* 192 noli riesambiaiet 193 anbiaid exultabo dotaidbssen 194 isb*er*ad comad 195 elicciacum edon dachtalc[d]a 196 ciaso forsan anord toineda 198 nachai rune imairceta*d* aris toisechu roced 201 tresailmb imaircide 202 nobedh anpsalm cid indet 203 eseręc*he* iertredenus imaircide cid 204 luoc 205 beth acoictide doligdis 206 lie hoes rectgæ 207 itosoich 209 doire 210 muga 212 toisech docoidh doeir*ce* 213 athnuaugu*d* 214 gion dodaairinail 215 roordaicista*r* 216 rie cech sailmb uatota 217 so 219 cosmoiles na 220 catrac*h* donimcielloa 221 indte 225 scrinib imgaibb*h* ilorduib 226 conistodoib mbrectnaid*h*ib 227 cechaei ata diu 228 sainguste 229 dinoib 230 mas dinaib 231 gaibt*er* levo 232 cidorascri*u*tor levo asp*er*ad alalie 234 airie nachgabtor levo erna*i*gte 235 nat 236 ciaisb*er*or ardonoib [sic] 237 du*i*d oenor 238 napsalmo imbee 239 imoru rodacachoins*i*de 240 alalie dedie 241 atitu*i*l 242 scribindis itos*uch* hulie 243 rienairrechta*in* duoib iernairrechta*in* duib im-

VARIANTS FROM HARLEIAN 5280.

morru 244 arnaragbaite*r* 245 lasnapsalmoe coicde onadilgnite*r* 246 lathor 247 nadscribta*r* argomanta 250 [fo. **23 a**] argumentam 252 arec inmenmon 253 arecc briat*h*a*r* organo 254 diu .i. ostentia 255 taidbse torbotae frisanarnech*t*o 257 defaisnes in[na]cellie decoiscet*h*a*r* 258 ias*i*do*r* 261 sensom toru*h*ata risanarnichta 262 dedistigga*dh* nacellie decoiscet*h*a*r* 264 ceric cati dec*h*oir 265 antit*ul* dou irricta 266 dofassnes 267 titol*us* im*morru* 268 an fochoin 269 risroced intpsalm can*us* 270 nia*n*sa pititio .i. aithindie 271 grian 7 huad 272 itat cetrie cinelacha 273 cenmot*h*a napsalmo nonasaingnustao 274 canticii 275 ruilaigte 277 torroecc*h*o cetrie milie togaide 279 cen[n]ach toirmiusc et*ir* 280 clauis 281 dou 284 din*i* canar 285 ocroit is dou isdir andi is canticum psalmus din*i* beror acroit *h*aclais 287 psalmi 288 dondn*i* 289 atfesor archind *om.* 290 sainradacha*ib* 291 etoroib 292 cetamus *om.* 294 immorru *om.* 296 psallendo coniunctio uoc*um* 297 acomal nagotha tiagor 298 inanindidie airecor ainim neotardai 300 arfoeimh and remsuidiugu*d* 301 die coiceill etorscarthae 303 immorru *om.* 304 ind *om.* 305 mbios isnapsalmoib dou suidicter [fo. **23 b**] 307 ne[i]ch atrocomaildioga*d* 308 diu inainim cedna remsuid*i*gte 309 sen et condene 310 isndo 311 sug*h*iter isinpsalmo die acomol 312 eta*r*roscárod 314 tanaistie morulus 315 cetnostoair risnapersonnaib 316 remeperta*ib* 317 hinccnait*h*e tana*i*se 318 riezechiam machapdae 320 morulus cech 321 diatarcain faidsene 322 degen crisd bait*h*es 7 die esercciu 323 7 die reagau*h*ail 7 diasuide des 324 dee animh dotoicuiret 325 indiris .i. doindorbou iudan inhamires 326 demoruod*h* 327 dinsem gacho claefniue 328 peccacta ditigect mesamnocht 330 fortau itaut tindtudo 331 simmoicc 332 teotais 333 em 334 ise romalortoic occo gorucertaic cirine fo obil 7 astrix 337 nat 338 naneprua dereir cirine deraud 339 obil foair opil diu uirgo uigalans 340 imoru dereruot 341 roboi 342 dinrat cirene astrix foair 343 diu stealla grandiens ete*r*certur ut oriion poetes 344 inso ciacetuo rocedau 345 dinaib psalmba*ib* aspert 346 combote desed alalie 347 commat benedictus 348 firie ald*h*s indedesie astaoisecho 349 rocetou erum ciesc [sic] cie dorinde 350 an-*ψ*almsau remetheid psalmo 351 arindediu imd*h*aiccth*er* bestatu 353 cresene fodeirc duinne 354 arithgnamoa 355 didnucsatd cresene 356 diu 357 7 [sic] ditecor acresene diu 358 an*ψ*almb andimdaiccth*er* gnim 7 morul*us* 7 beata 7 359 cede 360 *ψ*alm cade 361 in[b]oc 362 generailter horiantor astutia sim[fo. **24 a**]muli qu*os* docet 366 ideo *om.* psalm*us* no[n] qu*am* 368 oilbeid *h*abed capite 369 qou obsulute 370 debuid arcenolabrait*er* 372 pith 373 nalabrati*ar* sau 374 liced multi 375 nemo tendes conuersacione 376 inturris locit*ur* 378 dicenta cuntarespondid norespicunt 379 Asperoid tr*a* sese natrachtoirie 380 congabter isnaspalmboiuh [sic] 381 congaibtiur 382 difinitionis .i. guth ercoiltio 383 consolocionis gut*h* 384 cursag*h*tai 385 titalus 386 quam [sic] tris 387 difi*n*itionis consulatio*n*is 388 isee 389 difin [sic] adn ota 390 ise*d* consulationis 391 pr*o*speraPuntur 392 i*n*creptan*i*onis ann ota pr*o*sperarapuntur 393 infines enferso an*n* 394 ces [sic] arnatechtau 395 bre*th*ir ni-a*n*sa focosmoili*us* inanoibcanoine alceno qui non ha*b*et liber iessaie .i. iessaie fili amois ut non ha*b*et 398 generatio [sic] 399 euangeli apocolipsis 400 .i. apaul*u*s

VARIANTS FROM HARLEIAN 5280.

401 sen   402 am*ail* isper   Moris est sc*ri*btura   403 sanc*t*ae deuitare   404 ud   405 asper gr*i*goir diu nalie   406 asp*er* cirine   407 nolie sp*iri*tuali um*m*ana ol gric*oir*   410 defuarcoib forogion   411 fricsair   412 dossoide illut   413 proxid cesc ciev ainm anliboirse   416 no coic   417 forcendd liboir   duo afil   418 som   419 divo   420 ass*ed* aainm ierfir psal[m]oru*m* cesc cade   421 isandii is issí   422 andii qu*a*si   423 ab*h*abendo   424 paciendo   425 caintormac*h*ta*idh*   426 [fo. 24 b] ara*n*ni tectuss adcopru   427 bona   428 mala   429 isee fiorfinbatach   430 firioin   431 beat*h*a soinemlou nadnacou*h*ra   432 isonindedoso imefulaggar   433 cec[h]   finbatach   434 dierime seregus andii nalie and   435 edon uiuitas   436 amoil pidbeoaicte   438 airbir anoesau dilmoin onbetaig   439 airiegar   441 romanda edon bess isuita dinindtai   442 ase   443 dichoib*edi*n   444 fornocetna [sic] coib*edin*   444 ar*i*nangā [sic] ainm nadiechí   445 ío*ri*etal [sic] rangā condelgtor riasna [sic]   446 cassedor*us*   447 a*m*ninad elie and   448 amoil caintormachta*id* [sic] saiged   449 dienrime dn*o* ambroiss   450 q*u*asi   451 aranalie   452 beoaigte ancainaucsa [sic] fechtanach   453 uair [sic] cid arnac*h*omo   454 ho*mo* isanscr*i*btu*i*r   455 dotorand apriscie   456 abhomo roain*m*nieg*ed*   457 imoro   anima intribulationes   458 dno   459 afolad cethardai Prie aimser dā   dieberor   460 cetnoastair   hissu   461 ireic*h*idis   antanrī issesede dna   462 nachadfarcoibsem anaimser   463 cefodfacaib cac[h]   findbotach   464 abit   465 concilio Aspria*thar* saigetaic   466 fasidie fognied   467 ceil nalie abit   468 esede   469 firioin   inapecod*h* no   470 ina*n*iggair fedligi*t* indib   471 is do isainm diles sen   472 teit coricc*h* 7 dietoed uadh   473 dieromnat*har* derad ris tet   474 cucee arrise   div huad imt*h*iag

In order to utilize space otherwise vacant, I here put together some of those cases in which the readings of H are so plainly better than those of R, that their adoption did not seem to demand justification in the notes.

H	R	H	R
5 laus	lus	180 7 in blaid . . .	—
12 ahainm	aainm	181. 255 taidbse. . .	taidibaes, taidibaiv
17 cruite	cruiti	185 currant	currant
18 brandedhe . . .	bruinnidi	201 imaircide . . .	imaircideta
31 coic	cetri	203 tredenus	tredhius
47 }forcend, forcendd .	forcind	206 coictide	colcta:gdi
417		228 saingnuste . . .	saingnusta
54 innan	ina	245 coicde	colcthi
61 inna	na	269 roced	rochet
72. 87 noib	noim	287 psalmi	psalmii
78 canoin	canone	296 psallendo . . .	psallento
84 hanimaircide . .	animarcidi	300 remsnidingud . .	remodigvd
88 noibe	nobim	317 tanaise	tanustl
94 doinib	duitaiph	318 riezechiam . . .	frizeciam
99 condascrib . . .	conascrib	323 esercciu	erghi
104. 121 psalmos . .	psalmus	330 itaut coic tindtudo	ata coic tinthud
106 sailm	salim	336. 339 obil . . .	obail
123 dilecta	dilecti	348 dede	deda
124 benedixisti . . .	dixisti	351 bestatu	bestata
126 lauda	nalavda	353 fodeirc duinne . .	foldirc dvine
129. 438 airbir . . .	arbir, arbar	371 labraiter	labrather
134 menonn diu . . .	menunn	403 deuitare	diuitare
143 licet	—	422. 450 quasi . . .	quase
144 per conuentium .	peruenentia	449 ambroiss	ambros
158 di	do	469 ina	na
170. 230. 345 dinaib .	dona, dina	470 inaniggair . . .	inahingoir

D 2

1. Is hé titul fil i n-dreich ind libúir se taitni do menmanaib inna légnide. Is hé a ainm isind eur. *Sepher Tehallim* .i. 'volumen hymnorum,' amal asberar *Liber Psalmorum*, arindí as *psalmus* is 'laus' nó 'hymnus' etercertar.

6. Ceist. Cia hainm ind libuir se, a ebre, a gréic, a latin? Ní anse. *Nabla* isind ebru, *Psalterium* isin gréic, *Laudatorium* vel *Organum* isind latin.

9. Ceist. Can rohaimniged dó a n-ainm si? Ní anse. Din chruitt trésa rochachain Duíd inna salmu .i. *nabla* a hainm sidi isind ebru, *psalterium* in graeco, *laudatorium* vel *organum* isind latin, arindí as *organum* is ainm cenélach do chach chiúl ar a airechus. *Nabla* immurgu ní hainm cenélach do chach chruitt, acht is *cithara* ainm cenélach cacha cruitte. *Cithara* .i. 'pectoralis,' in 'bruinnide' .i. farsindí sennair for bruinnib.

19. *Nabla* didiu crott deichde .i. cotairissedar 6 deich tétaib, sennair ó deich méraib, immacomraccat inna deich timmna fuiri. Anúas bíd a bolg di suidiu, ocus is anúas sennair. Nodíorndither a ceól inde: Tarmiberar di suidiu, condíd ainm dond libur so, cotairissedar ó deich tétaib ind rechto tetarlícce, doinfider de supernis mysteriis Spiritus Sancti .i. denaib rúnaib úaslib in Spiruta Nóib.

29. *Psalterium*, son grécda in sin, is ed ainm dorúaraid forsind libur so. Airecaiter in cóic suin comcobnes¹ae .i. *psalmus, psalterium, psalmista, psalmodium, psallo*.

33. Ceist. Can doroich int ainmnigud so? Ní anse. Is ed asbeir Essodir, bíd *psaltis* ainm ciúil. ψ grécda ina tosug. *Psalmus* 'seinm' húad, *psalterium* aní sennair and, *psalmista* ainm ind fir nodseinn, *psalmodium* ainm in chiúil sennair and, *pgallo* bríathar ind fir nodseinn.

1. This is the title there is in front of this book which shineth to the minds of the readers. This is its name in the Hebrew, *Sepher Tehillim*, that is ' volumen hymnorum,' as is said *Liber Psalmorum*, because ψαλμός is, being interpreted, ' laus ' or ' hymnus.'

6. Question. What is this book's name, its Hebrew, its Greek, its Latin ? Not difficult. *Nebel* in Hebrew, ψαλτήριον in the Greek, *Laudatorium* or *Organum* in the Latin.

9. Question. Whence was that name given¹ to it ? Not difficult. From the harp to which David sang the psalms, to wit, *nebel* is its name in the Hebrew, ψαλτήριον in graeco, *laudatorium* or *organum* in the Latin, for *organum* is a general name for any musical instrument on account of its excellence. *Nebel*, however, is not a general name for any harp, but κιθάρα is a general name of any harp. Κιθάρα, i.e. 'pectoralis,' because it is played upon the breast.

19. *Nebel*, however, is a tenfold harp, to wit, it consists of ten strings, it is played with ten fingers, the ten commandments unite on it. Its belly is downward, and it is played from above. Its music is denoted in that. Hence it is transferred, so that it is the name of this book, which consists of the ten strings of the Old Testament, which is inspired de supernis mysteriis Spiritus Sancti, that is by the sublime mysteries of the Holy Spirit.

29. Ψαλτήριον, a Greek word, is the name that has remained on this book. The five cognate words are found, to wit, ψαλμός, ψαλτήριον, ψαλμίστης, ψαλμῳδία, ψάλλω.

33. Question. Whence came this name ? Not difficult. This is what Isidore says, ψάλιγξ is the name of a musical instrument. A Greek ψ in its beginning. From it (is derived) ψαλμός, ' playing,' ψαλτήριον, that which is played on it, ψαλμίστης, the name of the man that plays on it, ψαλμῳδία, the name of the music that is played on it, ψάλλω, a verb of the man who plays it.

¹ Lit. named.

22 REVISED TEXT.

41. Ceist. Ciasi ainm n-áirme fil isint saltair, inn úathad fa inn ilar? Is ed dorímet alaili tragtairi comtís cóic libuir isint saltair. Ut dicit Elair 'psalterium David in quinque libros dividitur, ubi *fiat fiat* finis sit.' Saltair Duíd fodailter i cóic libru, co m-bad forcenn libuir nach magen i m-bí *fiat fiat.* Is ed immurgu asbeir Hieronymus, amal nach forcenn libuir nach magen i m-bí *amen amen* isint soscélu, ní forcenn libuir dano nach magen i m-bí *fiat fiat* isnaib salmaib.

53. Is ed dano forthét i n-gnímib inna n-apstal ocus inna n-descipul ocus ina n-desmrechtaib .i. intan dombertís desmrecht asin chanóin, ba hóinlebor leú in saltair, ut dicit Petrus 'scriptum est in Libro Psalmorum.' Ocus ní ed nammá dano. Nach maigen ind-áirimter in dá lebor fichet fetarlicce, is ind-áirim óinlibuir atrímter int sailm leú.

61. Ceist. Cisi ernail di ernailib inna canóine fortá inna salmu? Ar ataat teora ernaile forsin canóin fetarlicce .i. *torah* ocus *prophetia* ocus *hagiographa.* *Torah,* amal rogab cóic libru Móise .i. *Genis, Exodus, Leuitic, Numerus, Diuitornimium.* Ocht libuir inna fáitsine .i. libuir Iesu Ben Nún, Sophtim, Samuel, Dabreiamin, Isaias, Ieremias, Ezechiel, Taresra, '*prophetia,*' amal rongabsat inna cethri prímfáithi ocus in dá minfáith déec. *Hagiographa,* ' inna nóibscríbenda,' .ut est lebor Ioib ocus trélebru Salomón .i. Proverbia, Ecclesiastes ocus Sirasirim .i. Canticum Canticorum. Ocus int sailm lasna nóibscríbenda atarímim amal sodain.

76. Ceist. Cisi gnúis di gnúsib inna canóine fortá inna salmu? Ar atát cethri gnúse forsin canóin fetarlicce .i. historia, prophetia, proverbialis species, simplex doctrina. Prophetia didiu is í gnúis fortá inna salmu. Ocus cindas ón, ocus is la nóibscríbenda ataruirmius bimbúaruch? Ní animmaircide cia asbertha disi prophetia, indul doairchecbain de Chríst ocus de núfiadnisi. Ní animmaircide dono cia dorurmithe la nóibscríbenda, ar ní fil din chanóin fetarlicce ní bes nóibiu.

88. Ocus a trede n-airdirc airecar do chach sáirsí indairecar dont sáirsi sea .i. locc ocus amser ocus persan. Airecar ém locc dó Iudea i tír mac n-Israél, ocus ní taisfentar do nach chathraich saingnustai, fobíth is forcital cenélach donaib uilib dóinib in domuin dochoissin and, ocus ní bu théchte in bríathar dfada spirtaide do thairchiull ocus do scríbund ind-óinlucc, ut est 'verbum spiritale comprehendi et scribi in uno loco non debuit.'

41. Question. What is the number [1] (of books) there are in the Psalter, one or many? This is what some commentators reckon, that there are five books in the Psalter. Ut dicit Hilarius: 'Psalterium David in quinque libros dividitur, ubi *fiat fiat* finis sit.' The Psalter of David is divided into five books so that there is an end of a book wherever *fiat fiat* occurs. However, what Jerome says is, that as there is no end of a book everywhere where ἀμὴν ἀμὴν occurs in the Gospel, so there is no end of a book wherever *fiat fiat* occurs in the Psalms.

53. Moreover, the following in the Acts of the Apostles and of the Disciples and in their examples supports (this), to wit, whenever they brought an example from the Canon, the Psalter was counted as one book by them, ut dicit Petrus: 'Scriptum est in Libro Psalmorum.' And further, not this only. Wherever the twenty-four books of the Old Testament are enumerated, the Psalms are reckoned as one book by them.

61. Question. To which division of the divisions of the Canon do the Psalms belong? For there are three divisions in the Canon of the Old Testament, to wit, *Torah*, and *Prophetia* and *Hagiographa*. *Torah*, that is, the five books of Moses, to wit, *Genesis, Exodus, Leviticus, Numeri, Deuteronomium*. Eight books of Prophecy, to wit, the books of Joshua Ben Nûn, *Shophetîm*, Samuel, *Dibre Hayyamîm*, Isaias, Jeremias, Ezechiel, *Thare Asra*, '*prophetia*,' as there are the four chief prophets and the twelve minor prophets. *Hagiographa*, 'the sacred writings,' ut est: the book of Job, and the three books of Solomon, to wit, *Proverbia, Ecclesiastes* and *Shîr Hashirîm*, i. e. *Canticum Canticorum*. And thus I reckon the Psalms with the sacred writings.

76. Question. To which kind of the kinds of the Canon do the Psalms belong? For there are four kinds in the Canon of the Old Testament, to wit, *historia, prophetia, proverbialis species, simplex doctrina*. *Prophetia*, then, that is the kind to which the Psalms belong. And how is this, when just now I reckoned them with the sacred writings? It is not inconsistent though it be called *prophetia*, in so much as it prophesied of Christ and of the New Testament. Nor is it inconsistent though it be reckoned with the sacred writings, for of the Canon of the Old Testament there is nothing more sacred.

88. And the three well-known things that are found for every composition, are found for this composition, to wit, place and time and author. The place, then, is found for it, Judea in the land of the Sons of Israel, and it is not assigned to any special town, because it is a general teaching to all men of the world that is in it; and it was not meet that the divine spiritual word should be confined and written in one place, ut est: 'verbum spiritale comprehendi et scribi in uno loco non debuit.'

---

[1] Lit. the name of the number.

99. Aimser dóu aimser Duíd, ocus is hé condaṡcríb. Ar it é teora aimsera airecaiter don chanóin ſetarlicce .i. aimser ríg ocus aimser bríthemon ocus aimser sacart. I n-aimsir ríg didiu condascríbad .i. aimser Duíd.

103. Persan immurgu is ilde, amal asbeir Isidorus : 'psalmos David, quanquam in uno volumine concludantur, decem viros cecinisse audivimus.' Sailm Duíd ced doaircellaitir ind-óinlibur, rochúalamar is deichnebor rodacachain .i. Móise, Duíd, Salomon, Asaph, Idithún, Eman, Assar, Abisar, filii Chore, Haggius, Zacharias.

110. Ceist. Cislir rochachain cech fer di ṡuidib ? Ní anse. Móise dá ṡalm .i. *Exurgat* ocus *Domine refugium*. Duíd cxiii. Salomón dá ṡalm .i. *Deus iudicium* ocus *Nisi Dominus*. Asaph dá salm déec óthá *Quam bonus Israel*, acht *Voce* i cocetul fri Idithún, ocus *Deus deorum* asin chóicait tóisech. Idithún dá ṡalm .i. *Dixi custodiam* ocus *Nonne Deo* hi cocetul fria Asaph. Eman *Domine Deus salutis* hi cocetul fria maccu Choir ocus *Voce*. Ethán óin salm .i. *Misericordias*. Filii Chore .i. dá mac Chore .i. Assar ocus Abisar duodecim psalmos óthá *Quem admodum* corrici *Deus deorum* : 'cethri salmu asin chóicait medónuch hi cocetul fri Eman .i. *Quam dilecta* ocus *Benedixisti* ocus *Fundamenta* ocus *Domine Deus salutis*. Haggius ocus Zacharias inna hocht salmu résin m-biáit ocus *Lauda*.

126. Húair tra is deichnebor rochachain inna salmu, cid aracurther a n-augturas alleith Duíd a óinur ? Ar intan airbir biuth in scriptúir oc demnigud nach dligid do deismrechtaib asnaíb salmaib, is alleith Duíd a óinur fochert a n-augturas. Ní hingnad aní sin trésin n-gnúis cenélaich as sinechdoche .i. totum pro parte et pars pro toto.

134. Is menunn didiu is Duíd a óinur ruṡcachain inna salmu, acht doaisilbtar alailí díb donaib persanaib reméperthaib ar immaircidetaid a céille ocus a n-intliuchta friu, ut dicit Hilarius : 'non est obscurum in nostra fide solum David totos psalmos cecinisse ; sed propter convenientiam operum illorum alii psalmi putantur aliis personis.' Sabaist (?) : 'Certum est David auctorem esse omnium psalmorum, licet per convenientiam operum alii psalmi aliis personis deputantur.' Grigoir : 'Personam unam in psalmis affirmare non possumus propter tractatorum discrepantiam.' Nam alii David tantum.

148. Atá ní forsatṡet a n-dliged sa, ocus ní dianechtair, acht isint ṡaltair immedón .i. in titul asbeir : 'defecerunt laudes David, incipit psalmus Asaph.' Is ed dicit isindí sin, is la Asab in salm ocus alailí sailm olchena. Ní hingnad aní sin. Is i n-Asab rodersaig in Spirut Nóib indidim ocus ernaigdi inna salm, ocus dorat

TRANSLATION.

99. Its time is that of David, and it is he who wrote it. For these are the three times that are found for the Canon of the Old Testament, to wit, the time of Kings, the time of Judges, and the time of (High) Priests. In the time of Kings then it was written, viz. the time of David.

103. The author, however, is plural, as Isidore says: 'psalmos David quanquam in uno volumine concludantur, decem viros cecinisse audivimus.' 'The psalms of David, though they are comprehended in one book, we have heard that ten persons have sung them,' viz. Moses, David, Solomon, Asaph, Jeduthun, Heman, Asar, Abisar, filii Core, Aggaeus, Zechariah.

110. Question. How many did each man of these sing? Not difficult. Moses two psalms, to wit, *Exurgat* (Ps. 67) and *Domine refugium* (Ps. 89), David one hundred and thirteen, Solomon two psalms, to wit, *Deus iudicium* (Ps. 71) and *Nisi Dominus* (Ps. 126), Asaph twelve, from *Quam bonus Israel* (Ps. 72), but *Voce* (Ps. 76) in unison with Jeduthun, and *Deus deorum* (Ps. 49) in the first fifty. Jeduthun two psalms, to wit, *Dixi custodiam* (Ps. 38) and *Nonne Deo* (Ps. 61) in unison with Asaph. Heman *Domine deus salutis* (Ps. 87) in unison with the sons of Korah, et *Voce* (Ps. 76). Ethan one psalm, to wit, *Misericordias* (Ps. 88). Filii Core, to wit, the two sons of Korah, Asar and Abisar, twelve psalms from *Quemadmodum* (Ps. 41) unto *Deus deorum* (Ps. 49); four psalms from the middle fifty in unison with Heman, to wit, *Quam dilecta* (Ps. 83) and *Benedixisti* (Ps. 84) and *Fundamenta* (Ps. 86) and *Domine Deus salutis* (Ps. 87). Aggaeus and Zacharias the eight psalms before the *Beati* (Ps. 118) and *Lauda* (Ps. 145).

126. Now, since it is ten persons that sang the psalms, why is their authorship referred to David alone? For when the scripture in confirming some law uses examples from the psalms, it refers their authorship to David alone. That is not wonderful, through the general figure which is (called) συνεκδοχή, that is, totum pro parte et pars pro toto.

134. It is clear, however, that it is David alone who sang the psalms, but some of them are ascribed to the aforesaid persons, because of the agreement of their sense and meaning with them. Ut dicit Hilarius: 'Non est obscurum in nostra fide solum David totos psalmos cecinisse. Sed propter convenientiam operum illorum alii psalmi putantur aliis personis.' Sebastian (?): 'Certum est David auctorem esse omnium · psalmorum, licet per convenientiam operum alii psalmi aliis personis deputantur.' Gregory: 'Personam unam in psalmis affirmare non possumus propter tractatorum discrepantiam.' Nam alii David tantum.

148. There is something which supports this point, and not from without, but in the Psalter itself, to wit, the title which says: 'defecerunt laudes David (Ps. 71, 20) incipit psalmus Asaph.' This is what he says therein, this psalm and other psalms besides are by Asaph. That is no wonder. In Asaph the Holy Spirit awakened

[IV. 8.]   E

Duíd binnius ocus cuibdius foaib, ar bá fáith, ar bá fili forlán di rath in Spirita
Nóib.
158. Is ed chetharda arataisilbthár int sailm aliis personis, airec intliuchta ocus
gnáthugud cétail, immaircidetu gníma ocus rún ainmnigthe. Is glé is demin is
Duíd a óinur rogab inna salmu, ocus is ed didiu dorími in senchas inna setarlicce.
Roorddnestar Duíd cethrar n-airechda fri cétul inna salm do thús inna class .i.
Assaph, Eman, Idithún, Ethán, ocus alaili leú olchena. Aní nognáthaiged cách
for cach claiss, dorochair i n-dilsetu dó, ocus a n-ainmnigud. Is aire ém doaisilb-
tar int sailm donaib persunnaib reméperthaib, cesu Duíd a óinur rusgab. Is
menunn is fír dísb línaib is la hAsab in salm ocus is Duíd rochachain .i. in Spírut
Nóib dorinfid im-menmain n-Asaib in ciúl ocus in n-intliucht fil isint salm, ocus is
Duíd dorat cuibdius foaib.

175. Ceist. In tré próis fa in tré metur rocéta int sailm? Tré metur tra racéta
.i. metur dachtalacda. Acht asbeir Cirine : ataat cóic sailm reta tré metur sain-
gnusta .i. *Noli* ocus *Confitebor* ocus *Beatus vir* résin m-Biáit, in Biáit dono, ocus
Exaltabo. Rosuidiged íarum abgitir ebre for cach n-ái do thaidbse is tré metur
rocéta isind ebru. Ocus ní tré óinmetur rocéta. 'Omnes psalmos apud Hebraeos
metrico carmine constat esse compositos. Psalmi alii iambico carmine currunt,
alii hexametro pede.'

186. Ceist. In tré metur fa in tré próis rucéta int sailm? Ní cumtabairt fri
Cirine is tré metur .i. metur dachtalacda, amal is tré metur rocét in chantaicc
Solomon ocus ind Lámchomairt libuir Ieremiae. Atát immurgu cóic sailm sainre-
thaig isint saltair forsatabair ind abgitir ebre .i. *Noli* ocus *Confitebor* ocus *Beatus
vir* résin m-Biáit ocus in Biáit ocus *Exaltabo te Deus meus*, do thaidbsin dún is tré
metur rocéta. Ocus asberat co m-bad elegiacum metrum .i. metur eligiecda nó
dachtalcda.

196. Ceist. Ciasi ordd fil forsna salmu, in ordd tóiniuda, fa in ordd frescabála,
fa in ordd cétail? Ní nach ái. Acht is ordd rúine ocus immaircidetad. Ar is
tóisegu rocét in cóicatmad salm .i. *Miserere mihi Deus* oldás rocét in tressalm .i.
Domine quid. Immaircide cid isin tresslucc nobeith in salm asindet dond ésergu
íar trédenus. Immaircide dano cid isin cóicatmad lucc nobeith in salm aithrige,
fobíth is i cóictidi doluigdís cinaith la hóes rechtgæ.

207. Ceist. Cindas rombátar int sailm hi tosug? Ní anse. I m-blogaib ocus
esreud cosin dóiri baibilóndi, co n-deochatár mogaid hi tempul lasin canóin

the meditation and prayer of the psalms, and David added melody and harmony to them, for he was a prophet, for he was a poet full of the grace of the Holy Spirit.

158. These are the four things on account of which the psalms are assigned *aliis personis*: invention of meaning, and practice of singing, congruity of action, and mystery of naming. It is clear it is certain that David alone sang the psalms, and this is what the history of the Old Testament relates. David appointed four chief persons for the singing of the psalms, to lead the choirs, to wit, Asaph, Heman, Jeduthun, Ethan, and others with them besides. What each one was used to do in each choir, fell to him specially, and they [1] were named from them. Therefore, truly, are the psalms assigned to the aforesaid persons, although David alone sang them. It is clear that it is true both ways, that the psalm is by Asaph, and that David sang it, to wit, the Holy Spirit inspired in Asaph's mind the music and the sense that are in the psalm, and David added harmony to them.

175. Question. Were the psalms sung in prose or in metre? They were sung in metre, to wit, the dactylic metre. But Jerome says, there are five psalms that run in a special metre, to wit, *Noli* (Ps. 36) and *Confitebor* (Ps. 110) and *Beatus vir* (Ps. 111) before the *Beati* (Ps. 118), the *Beati* itself, and *Exaltabo* (Ps. 144). The Hebrew alphabet was put on every one of them, to shew that they were sung in metre in the Hebrew. And not in one metre were they sung. 'Omnes psalmos apud Hebraeos metrico carmine constat esse compositos. Psalmi alii iambico carmine currunt, alii hexametro pede.'

186. Question. Were the psalms sung in prose or in metre? There is no doubt with Jerome that it was in metre, to wit, the dactylic metre, as it is in metre were sung the Canticle of Solomon and the Lamentation of the book of Jeremiah. There are, however, five special psalms in the Psalter on which the Hebrew alphabet has been put, to wit, *Noli* (Ps. 36) and *Confitebor* (Ps. 110) and *Beatus vir* (Ps. 111) before the *Beati* (Ps. 118), and the *Beati* and *Exaltabo te Deus meus* (Ps. 144), to show to us that they were sung in metre. And they say that it is elegiacum metrum, to wit, elegiac or dactylic metre.

196. Question. What order is on the psalms, the order of returning, or the order of ascending, or the order of singing? None of them. But it is the order of mystery and fitness. For the fiftieth psalm, to wit, *Miserere mihi deus*, was sung before the third psalm, to wit, *Domine quid*. It is fit that the psalm which tells of the resurrection after three days should be in the third place. It is fit again that the psalm of repentance should be in the fiftieth place, because it was on the fiftieth day that sins were remitted by the men of law.

207. Question. In what state were the psalms in the beginning? Not hard to tell. In fragments and scattered until the Babylonian captivity, when the slaves

[1] *i.e.* the Psalms.

olchena, co táinic in cethramad tóisech adamra dodechaid asin dóiri .i. Estras. Is dó rofr in Spirut Nóib a n-athnugud tréa giun, ocus is é dodaaírinól ind-óinlebor ocus roscríb ocus roorddaigestar a thitul ré cach salm.

216. Is úathata tra ocus is ilda ind lebor sa .i. forgnúis óinlibuir dianechtair ocus iláailm himmedón, fo chosmailius nacha cathrach donimmchella óinmúr dianechtair, ocus iltegdaise immedón indi. Is foa n-indas sin rogab in saltair .i. forgnúis óinlibuir dianechtair ocus iláailm himmedón, fo chosmailius nacha tegdaise adamra co scrínaib ilardaib co n-itsudaib mrechtnaigdib, co n-eochraib saingnústaib do erslocud cach ái. Atá didiu eochair saingnúste ré cach salm .i. a thitul.
229. Ceist. In denaib salmaib in tituil? Massu dinaib salmaib, cid arnágabtair leú? Minip dinaib salmaib, cid arascríbtair leú? Asberait alaili comtís dinaib salmaib in tituil, ocus is airi nád gaibter leú, fobíth nach ernaigth efíl indib. Olsodain nád maith fri Cirine ci asberthar, ar ní dinaib salmaib in tituil. Ar is Duíd a óinur rochachain inna salmu, ocus a ealmchétlaidi imbi. In tituil immurgu Estras rodacachain sidi, nó comtís aili trachtairi olchena.

240. Atá déde arascríbtar in tituil tria derg, ar ba tria derg noscríbtís int éailm hi tosug uli ría n-airechtain duib. Iar n-airechtain duib didiu scríbtar int éailm tria dub ocus in tituil tria derg, arnáragbatar lasna salmu.

245. Atá cóicthe ón-aidilcnigthir ecna ocus láthar inna salm. A dó dianechtair nadascríbtar .i. argumainte ocus ernail. A trí dísb immedón scríbtair .i. titulus ocus diapsalma ocus sinpsalma.

250. Ceist. Cid aní is *argumentum*? Ní anse. 'Acute mentis inventum,' 'airecc menman áith,' nó 'acutum inventum' nó 'áith-airecc.' Bíd bríathar *arguo* .i. 'ostendo.' Argumentum didiu .i. 'ostentio,' 'taidbsiu.'

255. Ceist. Cia torbatu frisind-airnechta argumenti? Ní anse. Do aissnéis inna céille dochoscethar tria cumbri m-bríathar, ut dicit Isidorus: 'Argumenta sunt quae caussas rerum ostendunt. Ex brevitate sermonum longum sensum habent.'
261. Ceist. Cia torbatu frisin-airnechta ernaile? Ní anse. Do disteggad inna céille dochoscethar.
264. Ceist. Cericc-cate dechor etir a n-argumaint ocus in titul? Ní anse. Is dóu airechta inna hairgomainti do aisnéis inna céille dochoiscethar, ut diximus. Titulus do fursundud inna tucaite ocus ind fochuin frisarocét in salm.

came into the temple with the canon, when the fourth famous leader came from captivity, to wit, Ezra. It is he to whom the Holy Spirit granted to renew them through his mouth, and he it is who gathered them in one book and wrote and arranged its title before every psalm.

216. This book is one and is manifold, to wit, the form of one book without, and many psalms within, like some city which one wall surrounds without, and many buildings within it. In such wise is the Psalter, to wit, the form of one book without, and many psalms within, like some glorious building with many shrines, with various treasure-houses, with special keys to open each one of them. There is however a special key before each psalm, to wit, its title.

229. Question. Do the titles belong to the psalms? If they do, why are they not sung with them? If they do not, why are they written with them? Some say that the titles belong to the psalms, and that it is for this they are not sung with them, because there is no prayer in them. Therefore it does not seem good to Jerome to say them, for the titles do not belong to the psalms. For it is David alone that sang the psalms, and his psalmists around him. The titles however, Ezra sang them, or there may have been other commentators besides.

240. There are two things for which the titles are written in red, for in the beginning before the invention of ink the whole psalms used to be written in red. After the invention of ink, however, the psalms are written in ink, and the titles in red, lest they be sung with the psalms.

245. There are five things which the knowledge and disposition of the psalms require. Two of them without, which are not written, to wit, arguments and division. Three of them within, which are written, to wit, *titulus* and *diapsalma* (διάψαλμα) and *sympsalma* (σύμψαλμα).

250. Question. What is *argumentum*? Not difficult. *Acute mentis inventum,* 'a sharp invention of the mind,' or *acutum inventum,* or 'a sharp invention.' There is a word *arguo,* that is, 'ostendo.' *Argumentum,* then, 'ostentio,' 'showing.'

255. Question. For what use were arguments invented? Not difficult. To set forth through short words the sense which follows, ut dicit Isidorus: 'Argumenta sunt quae caussas rerum ostendunt. Ex brevitate sermonum longum sensum habent.'

261. Question. For what use were divisions invented? Not difficult. To distinguish the sense which follows.

264. Question. What then is the difference between the argument and the title? Not difficult. The arguments were invented to set forth the sense that follows, ut diximus. *Titulus* to illustrate the cause and occasion at which the psalm was sung.

269. Ceist. Can atá ansi is *titulus*? Ní anse. Bíd *titio* 'athinne,' ocus *titulus* húad, ocus *titan* 'grían,' ocus *titulus* úad.
272. Atát tra cethri tituil chenélaig résna salmu cenmothá inna saingnústa .i. psalmus, canticum, psalmus cantici, canticum psalmi.
275. Ceist. Cia cruth ruhilaigthe, ocus caite deochor eturru? Ní anse. Is ed dorigne Duíd fria dédenchu. Doróigu cethri mili togaithi di maccaib hIsraél fria cétal ocus gnáthugud inna salm dogrés cen nach tairmesc n-etir. Trían dísb fria claiss, trían fria cruit, trían etir claiss ocus cruit. Is dóu is dír aní is *psalmus* dondí arricht ocus gnáthaigthir hi cruit. Is dóu is dír aní is *canticum* dondí gnáthaigthir fria claiss ocus canair hi cruit. Is dóu is dír aní is *psalmus cantici* araní doberar a cruit hi claiss. Is dóu is dír aní is *canticum psalmi* dondí doberar a claiss hi cruit.

288. In titull saingnústa, adfesar dosuidib archiund innalloccaib sainredchaib.

290. *Diapsalma* ocus *sinpsalma*, cate deochor eturru? Mad far céill Cirini, *diapsalma* cétamus 'semper' interpretatur, significans alterna esse vicina, *sinpsalma* do inchosc morolusa. Is bed immurgu asbeir Augustinus: 'diapsalma intervallum psallendi vel in psallendo, sinpsalma vocum coniunctio' .i. 'accomol n-gotha.'

297. Ceist. Cindas tíagar ina n-inni de? Ní anse. Airecar ainm neutarda grécda *psalma, psalmatis*. 'Iunctio,' is ed etercertar. Arfóim ind remsuidigud n-grécda asberar *dia*, co céill etarscartha, co n-déne diabsalma, ocus 'disiunctio' is ed etercertar .i. etarscarad inna céille ocus ind intliuchta ocus inna persainne ocus inna forgnúse bís isint salm. Is dóu suidigthir aní is *diapsalma* do etarscaruth neich adrocomallnad tria mferlégend. Arfóim dano a n-ainm cétna ind remsuidigud n-grécda asberar *sin*, ocus 'con,' is ed etercertar, co n-déne *sinpsalma*, ocus 'coniunctio,' is ed etercertar. Is dóu suidigthir aní as sinpsalma, do accomol neich etarroscrad tria mferlégenn.
312. Atá cetharde as toiscide isnaib salmaib .i. cétna stoir ocus stoir tánaise, síens ocus morolus. Cétna stoir fri Duíd ocus fri Solomon ocus frisna persanna remépertha, fri Saúl, fri Abisolón, frisna hingrintide olchena. Stoir tánaise fri Ezecbiam, frisin popul, frisna Machabda. Síens fri Críst, frisin n-eclais talmandai ocus nemdai. Morolus fri cech nóib.

320. Ceist. Cid diatirchan fáitsine inna salm? Ní anse. Di gein Chríst ocus dia baithis ocus dia chésad ocus dia esérgiu ocus dia fresgabáil ocus dia suidiu for deiss Dé athar i nim; de thochuired gente i n-iris, de indarbu Iuda i n-amiris; de

269. Question. Whence is the word *titulus*? Not difficult. *Titio* is 'a firebrand,' and *titulus* from it, and *titan* is 'the sun,' and *titulus* from it.

272. There are, however, four general titles before the psalms, besides the special ones, to wit, *psalmus, canticum, psalmus cantici, canticum psalmi*.

275. Question. How were they multiplied, and what is the difference between them? Not difficult. This is what David did during his last days. He selected four thousand chosen men of the sons of Israel to sing and practise the psalms always without any cessation. One third of them for the choir, one third for the harp, one third both for the choir and the harp. The word *psalmus* applies to what was invented for the harp and is practised on it. *Canticum* applies to what is practised by the choir and is sung with the harp. *Psalmus cantici* applies to what is taken from the harp to the choir. *Canticum psalmi* applies to what is taken from the choir to the harp.

288. As to the special titles, they will be mentioned further on in their special places.

290. *Diapsalma* and *sympsalma*, what is the difference between them? If after the opinion of Jerome, *diapsalma* first, 'semper' interpretatur, significans alterna esse vicina, *sympsalma* to teach morality. This is however what Augustine says: 'diapsalma intervallum in psallendo, sympsalma vocum coniunctio,' that is, 'a combination of voices.'

297. Question. How is their meaning arrived at? Not difficult. There is found a Greek neuter noun, ψάλμα ψάλματος. 'Iunctio' is its interpretation. It receives the Greek preposition διά, with a sense of separating, so that it makes διάψαλμα, and 'disiunctio' is its interpretation, to wit, separation of the sense and the purport and the author and the form that are in the psalms. *Diapsalma* is put to separate anything that has been joined together by misreading. The same noun also receives the Greek preposition σύν, which, interpreted, is 'con,' so that it makes σύμψαλμα, which, interpreted, is 'coniunctio.' *Sympsalma* is put to join together anything that has been separated by misreading.

312. There are four things that are necessary in the psalms, to wit, the first story, and the second story, the sense and the morality. The first story refers to David and to Solomon and to the above-mentioned persons, to Saul, to Absalom, to the persecutors besides. The second story to Hezekiah, to the people, to the Maccabees. The meaning (refers) to Christ, to the earthly and heavenly church. The morality (refers) to every saint.

320. Question. Of what did the prophecy of the psalms foretell? Not difficult. Of the birth of Christ and of His baptism, and of His passion, and of His resurrection, and of His ascension, and of His sitting on the right hand of God the Father in Heaven, of the invitation of the heathen to faith, of the thrusting of Judah into

móraith cecha fírinne, de dínsim cecha clóine, de maldachad pecthach, de thuidecht Chríst do messemnacht for bíu ocus marbu.

329. Ceist. Cia tintúd foratá inna salmu? indul atát cóic tintúdu foraib .i. tintúd Septin, tintúd Simmaig, tintúd Teothais, tintúd Aquil, tintúd Cirini. Tintúd Septin ém, is hé fil forsna salmu, ocus is hé romalartad oco. Tintúd asind ebru isin n-gréic, isin latin. Coruchertaig Cirine fo obil ocus astrisc .i. nach ní dorormacht Septin nad rabí i fírinni inna n-Ebraide, dorat Cirine obil (÷) foir. Obil didiu .i. 'virga iugulans' .i. flesc (+) gonas. Nach ní immurgu dorermat Septin robói hi fírinni inna n-Ebraide do réir Cirini, dorat Cirine astrisc foir. Astrisc nó :|: didiu 'stella radiens' etercertar, ut Orion poetes.

343. Cétna salm inso.
Ceist. Cia ceta rocét dinaib salmaib? Is ed asberat séssi inna trachtaire co m-bad *Te decet*. Asberat alaili co m-bad *Benedictus*. Ataa aní as fíriu oldás a n-déde sa .i. is tóiaichu rocét *Pusillus eram* ocus araile.

349. Ceist. Cid arindí in salm sa remithét inna huili salmu? Ní anse. Arindí imdaigedar béstatu ocus morolus and. Ar is tré trócairi rosechar fírinne ocus cresene. Is fodirc dúinni di Chornail centuir. Ar it gnímu a thrócaire dodnucsat hi fírinni ocus cresini. Húair didiu is tré trócairi ocus fírinni dotægar hi cresini, immaircide didiu in salm ind-imdaigedar gnímu ocus béstatu ocus morolus cid hé nobeith hi remthechtus inna salm.

360. Ceist. Cate argumaint int ṡailm si? Ní anse. 'In hoc psalmo omnes gentes generaliter hortantur, ad studia virtutum incitat, simul eos docet quae merces bona, quae poena mala consequatur.'

365. Ceist. Cid arnátechta in salm sa titul? Ní anse. 'Ideo primus psalmus non habet titulum, quia titulus omnium psalmorum est.' 'Primus psalmus' ol Béid 'titulum non habet, quia capiti nostro Domino Salvatori, de quo absolute loquitur, non debuit proponi.' Ar ce nodlabratar int ṡailm de-sium, ní labrathar salm dia chomairbiurt biuth amal nodlabrathar in salm sa. 'Nam licet alii psalmi de ipso multa dicunt, nemo tamen de eius conversatione quae fuit in terris sic loquitur. Hic psalmus caput totius operis ponitur, et ad eum quae dicenda sunt cuncta respiciunt.'

379. Asberat tra fairend di séssib inna trachtaire a tréde congabther isnaib salmaib congabther isint ṡalm sa a óinur .i. vox definitionis, 'guth erchoilte,' vox

TRANSLATION.

unbelief, of the increase of every justice, of the spurning of every injustice, of the malediction of sinners, of the coming of Christ to judge the quick and the dead.

329. Question. What is the translation that is on the psalms? For there are five translations on them, to wit, the translation of the Septuagint, the translation of Symmachus, the translation of Theodotion, the translation of Aquila, the translation of Jerome. The translation of the Septuagint, truly, that is the one which is on the psalms, and this is the one which was altered by him[1]. It is a translation from the Hebrew into the Greek, into the Latin. Jerome corrected it under dagger and asterisk. To wit, anything that the Septuagint added, which was not in the 'Hebrew Verity,' Jerome put a dagger on it. *Obelus*, however, to wit, 'virga iugulans,' that is, a rod that wounds. Anything, however, which the Septuagint forgot, which, according to Jerome, was in the 'Hebrew Verity,' Jerome put an asterisk on it. *Asteriscus*, however, means 'stella radians,' ut Orion poetes.

343. The first psalm this.

Which of the psalms was sung first? This is what numbers of the commentators say that it was *Te decet* (Ps. 64). Others say that it was *Benedictus* (Ps. 143). There is that which is truer than either of these, to wit, *Pusillus eram* &c. was sung first.

349. Question. What is it that makes this psalm precede all the other psalms? Not difficult. Because virtue and morality abound therein. For it is through mercifulness that righteousness and belief are attained. That is conspicuous to us from Cornelius the centurion. For it was the deeds of his mercifulness that brought him to righteousness and belief. Because, however, it is through mercifulness and righteousness that belief is arrived at, it is fit that the psalm in which action and virtue and morality abound should be in front of the psalms.

360. Question. What is the argument of this psalm? Not difficult. 'In hoc psalmo omnes gentes generaliter hortatur, ad studia virtutum incitat simul eas, docet quae merces bona, quae poena mala consequatur.'

365. Question. Why has this psalm no title? Not difficult. 'Ideo primus psalmus non habet titulum, quia titulus omnium psalmorum est.' 'Primus psalmus,' says Bede, 'titulum non habet, quia capiti nostro Domino Salvatori de quo absolute loquitur non debuit proponi.' For though the (other) psalms speak of Him, they do not speak of His life as this psalm speaks. 'Nam licet alii psalmi de ipso multa dicunt, nemo tamen de eius conversatione quae fuit in terris sic loquitur. Hic psalmus caput totius operis ponitur, et ad eum quae dicenda sunt cuncta respiciunt.'

379. Some of the numbers of the commentators say that the three things which are found in the psalms are found in this psalm alone, to wit, *vox definitionis*,

[1] i.e. Jerome.

consolationis, 'gud comdídanta,' vox increpationis, 'guth cúrsagtha.' 'Primus psalmus titulus est omnium psalmorum quod in eo continentur tres voces omnium psalmorum .i. vox definitionis, vox consolationis, vox increpationis.' Is hé vox definitionis and, óthá 'Beatus vir' usque 'die ac nocte.' Is hé vox consolationis and, óthá 'die ac nocte' usque 'prosperabuntur.' Is hé vox increpationis and, óthá 'prosperabuntur' usque in finem. Dá fersa déec and.

394. Ceist. Cid arnátechta in salm sa bréthir? Ní anse. Fo chosmailius inna nóibchanóne olchena, ut non habet liber Isaiae .i. Isaiae filii Amos, ut non habet liber Matthaei .i. liber generationis, ut non habet liber Marci .i. initium evangelii, et Apocalypsis Iohannis et liber Apostolorum .i. Paulus apostolus, et reliqua. Is fo a n-indas sa ní techta in salm sa bréthir .i. *Beatus vir*, amal asbeir Isidorus: 'Moris est scripturae sanctae instrumenta verborum devitare &c.'

405. Asbert dano Grigoir céill n-aili and, a bráithrea. Asbert dano Cirine céill n-aili and. 'Verbum spiritale humana,' ol Grigoir. Ní théchte dúinni tuilled nóibscreptra díanechtair, ol nach tan dosúarcaib int augtur bréthir for a gin sechtair, bíd bríathar for a menmain frisgair dosuidiu, ut dicitur: 'Illud verbum quod foris protulit illi verbo quod intus latebat coniungit.'

415. Ceist. Cia ainm ind libuir si? Ní anse. Dicunt alii co m-bad ed a ainm *Psalmi David* nó cóic *Libri Psalmorum* .i. co m-bad forcenn libuir beus nach dú i fil *fiat fiat*. Fó chethir didiu atá son isnaib salmaib. Ní cóir didiu aní sin, acht is ed a ainm íar fír *Liber Psalmorum*.

420. Ceist. Cate saigid inne isindí as *beatus*? Is í saigid inne asbeir Isidorus and: 'beatus quasi bene auctus, scilicet habendo quod velit et non patiendo quod nolit.' Atá aní as *beatus*, amal bíd 'caintormachthe,' arindí techtas innahí adchobra. 'Ille enim vere beatus, qui habet omnia quae vult bona et non vult male. De bis enim duobus beatus homo efficitur.' Is hé in fírfindbathach nó in fírion adchobra inna huile beatusa sainemlai ocus nadnaccobra ind ulcc. Is ón dédi so immefulaggar cach dune findbathach.

434. Doriími dano Seregius inni n-aili n-and, edón 'beatus quasi vivatus.' Atá aní as *beatus* amal bíd 'beóaigthe,' 'eo quod scilicet vita aeterna fruitur,' arindí airbir biuth ind óesa dílmain ón bethaid suthain. Airecar ainm n-écomtig hisin cethramud ceniul inna sulbaire rómánta, edón *bes*, ocus 'vita' donintái. Bíd verbum asé .i. *beo*, exceptid di chobedin tánaisi for cétna-chobedin. *Beatus* a randgabáil sechmadachta. Bíd ainm n-adiecht for cétna-randgabáil ocus condelgdar triasna thrí grád.

446. Doriími dano Cassiodorus inni n-aili n-and .i. 'beatus quasi bene aptus' .i. amal bíd cain-ullmaigthe in dí saigthi.

'the speech of definition,' *vox consolationis*, 'the speech of consolation,' *vox increpationis*, 'the speech of rebuke.' 'Primus psalmus titulus est omnium psalmorum, quod in eo continentur tres voces omnium psalmorum, *i.e.* vox definitionis, vox consolationis, vox increpationis.' This is *vox definitionis* in it, from 'Beatus vir' usque 'die ac nocte.' This is *vox consolationis* in it, from 'die ac nocte' usque 'prosperabuntur.' This is *vox increpationis* in it, from 'prosperabuntur' usque in finem. Twelve verses in it.

394. Question. Why has this psalm no verb? Not difficult. Like other portions of the sacred Canon, ut non habet liber Isaiae, *i.e.* Isaiae filii Amos, ut non habet liber Matthaei, *i.e.* liber generationis, ut non habet liber Marci, *i.e.* initium evangelii, et Apocalypsis Iohannis et liber Apostolorum, *i.e.* Paulus apostolus, et reliqua. In the same way this psalm has no verb, viz. *Beatus vir*, as Isidore says: 'Moris est scripturae sanctae instrumenta verborum devitare &c.'

405. Gregory, however, gives another sense, O brethren. Jerome also gives another sense. 'Verbum spiritale humana,' (&c.) says Gregory. It does not behove us to add to the Holy Scripture from without, for whenever the author lets out a word on his mouth, there is a word in his mind that answers to it, ut dicitur: 'Illud verbum quod foris protulit illi verbo quod intus latebat coniungit.'

415. Question. What is the name of this book? Not difficult. Dicunt alii that its name is *Psalmi David* or five *Libri Psalmorum*, viz. that there is an end of a book wherever 'fiat fiat' occurs. This is found four times in the psalms. That is not right, however, but its true name is *Liber Psalmorum*.

420. Question. What is the etymology of *beatus*? This is the etymology which Isidore says is in it: 'beatus quasi bene auctus, scilicet habendo quod velit et non patiendo quod nolit.' *Beatus* is as it were 'well increased,' because he possesses that which he desires. 'Ille enim vere beatus, qui habet omnia quae vult bona et non vult male. De his enim duobus beatus homo efficitur.' He is truly blessed or righteous who desires all the various blessings, and does not desire them in an evil way. Of these two things each blessed man is made up.

434. Sergius, however, gives another sense, to wit, 'beatus quasi vivatus.' *Beatus* is as if it were 'vivified,' 'eo quod scilicet vita aeterna fruitur,' because the lawful people enjoy life everlasting. There is found a rare noun in the fourth kind of Roman rhetoric, to wit, *bes*, and 'vita' translates it. There is a verb from it, to wit, *beo*, an exception of the second conjugation by the first conjugation. *Beatus* (is) its past participle. There is an adjective noun on the same participle, and it is compared through the three degrees.

446. Cassiodorus, however, gives another sense, to wit, 'beatus quasi bene aptus,' that is, 'well adapted' as it were are the two etymologies.

449. Dorímí dono Ambrois 'beatus quasi bene felix,' ocus bíd cechtarde ar araile .i. beatus is caintormachthæ is beóaigthe isind lucc sa in fechtnach .i. vir.

453. Cid ar nach 'homo' asbert? Ní anse. Nach airm atá 'homo' isin scriptúir, is do thórund aprisce dóinde scríbthair, ar is ab humo rohainmniged. 'Vir' immurgu a virtute animae in tribulationibus. Rohainmniged son dono cid a folud cetharda.

459. Fri aimsir Duíd berair cétna stoir inna salm, fri Iesu Sirechitis in tánaise. Is héside nachidfarcaib-som ind-aimsir ind ingremma ced fodrácaib cách.

463. Is findbathach didiu in fer 'qui non abiit' co m-beth 'in consilio.' Ar is bríathar saigthetad dochum luicc 'abeo,' ocus is friside fognfat in trachtairi céill n-aili .i. 'qui non abiit' is éside nád immrulaid, ar tíagait cid ind fírioin hi comairli inna pecdach nó inna n-iggor, ocus ní fedliget indi.

470. 'Abeo' didiu, is dó as díles in bríathar sin, do fír théiti co ríg ocus dothæt úad, ocus doromenathar ní do rád fris, ocus téiti cuci doridise. 'Ab eo' didiu, 'úad' immthíag. . . .

449. Ambrose, however, says, 'beatus quasi bene felix,' and both of them agree (?), to wit, *beatus*, the blessed man in this passage is well-increased, is vivified.

453. Why did he not say 'homo'? Not difficult. Wherever 'homo' occurs in the Scriptures, it is written to mark human frailty, for it was named *ab humo*. 'Vir,' however, 'a virtute animae in tribulationibus.' He was called so, however, from a fourfold reason.

459. The primary story of the psalms refers to the time of David, the second to Jesus the son of Sirach. He it was that did not abandon him in the time of the persecution, though every one (else) abandoned him.

463. Blessed, however, is the man 'qui non abiit,' so that he is 'in consilio.' For 'abeo' is a verb of going towards a place, and the commentators give another meaning to it, to wit, 'qui non abiit' is he who has not gone away; for even the righteous go into the council of the sinners and of the impious, but[1] do not stay therein.

470. 'Abeo,' however, is a word properly used of a man that goes to a king and comes from him, and remembers something to say to him, and goes to him again. 'Ab eo,' however, 'from him' I go. . . . .

[1] Lit. and.

APPENDIX

Supplement to Mr. Whitley Stokes' description of the contents of Rawlinson B. 512 in the Rolls Edition of the 'Tripartite Life,' pp. xiv–xlv.

P. xiv.—fo. 1 a, 1. Kailleoracht inso sis. This is a very old (tenth century?) poem on the eight winds blowing on the kalends of January. Hence kailleóracht=calendarium.

Tonfeid, a Christ, *c*onic muir
i cuaird bethad[1] brigadbuil,
co n-ecius cid toirnes gair
gaithi hi k*alaind* Enair.

Guide us, O Christ, that rulest the sea
Around the mighty vast world,
That I may tell what signifies the voice
Of the wind on the kalends of January.

Solina chetchathach[2],
is toirthech cid dui*n*ebtha*c*h,
dlomaid airchindchin na*mm*á,
hit imda a galara.

Solanus of a hundred battles,
It is fruitful though productive of plague,
It rejects (?) chiefs only,
Many are its diseases.

Aff*r*ica anairdes ní saich,
dofoirni torad sainmaith,
iasc ocus ith hed *con*gaib,
is oen inna sainemlaib.

Africus from the south-east, not bad,
It signifies specially good fruit,
Fish and corn, while it lasts,
It is unique in its excellences.

[1] leg. betha.   [2] leg. chétach chathach.

APPENDIX.

Mad Saranica andess,
dofoirni fiadaib firmess,
mor immed toraid co lan,
iascroth amra hulimar.

As for Saronicus from the south,
It signifies to you[1] a rich harvest,
A great quantity of full fruit,
Marvellous huge fish.

Marba sommai, slicht nad chress,
mad hi Famonia aniardess:
doadbat cech ith fo clu,
cathu ocus goirtmessú.

Goods will be destroyed, a track not narrow,
If it is Favonius from the south-west:
It signifies every corn crop laid low,
Battles and scant harvests.

Sfuinnid bas rig mad anfar
bess Puinina immun ocian,
fuilriud mar, guin doine dno,
ocus plag for pecthacho.

It denotes the death of a king[2] if from the west
It is P. around the ocean,
Great bloodshed, and slaying of men,
And plague on sinners.

Pessima aniarthuaid namma,
ascolt ocus tinorgna,
ocus tochur blath atbeir,
cen ani do huilicheil.

Pessima from the north-west only,
Dearth[2] and slaughters,
And fall of blossoms it says,
Without . . . .

Ceth Faiccina bess antuaid,
bid torm catha claidebruaid,
bas na pecthach, teidm is tes,
tirmae ocus tromaincess.

[1] Lit. 'before you.'   [2] Or 'of kings.'   [3] Cf. Cormac, Transl. p. 1.

APPENDIX.

If it is F. from the north,
There will be noise of red-sworded battle,
Death of the sinful, plague and heat,
Drought and heavy distress.

Cain immed n-eisc, nasad suail,
mad Altima anairthuald,
lobuir indi, cath co ń,
toirtái bili tonfethi. Ton.

A fair multitude of fish, petty commemoration!
If it is Altanus from the north-east,
Sicknesses in it, battle with venom,
Many fruits it brings to us.

P. xvi.—fo. 30 a, 2. Another copy of the *Crichairecht na Mide* is found in the Stowe MS. 992, fo. 25 b. See Rev. Celt. xi. p. 435, n. 2.

P. xviii.—fo. 39 a. Another copy of the *Teist Choemáin* is found in LL. p. 371 c. Cell Achaid, now Killeigh, was in the present King's County (i n-dib Failge, Fél. p. cvii). Oc-Sinchell or Sinchell Oc was one of its abbots, and is so called to distinguish him from his predecessor Sen-Sinchell. See Mart. Don. March 26, June 25.

Teist Choemain Cluana m*e*ic Treoin *for* scoil Oc-Sinchill Chille Ached inso[1]. Iss iat so cinte[2] 7 gnathaighthe bui oc scoil Ofc-Sinchill[3]. Crabath cen scís. Umla cen fodord. Eitiud[4] cen forcraid. Aine cen elniud. Ailithre cen tintudh[5]. Bidecht fri hespaib[6]. Beannachadh prainde. Praind cen fuidell. Fedli fri foglaim. Frithailim tratha[7]. Sirfrecar[8] nime. Nertath cech faind[9]. Nemsnim[10] don tsaegal. Sanntugadh oi*f*rim. Eistecht fri sruitheib[11]. Adrath do gen*us*. Gabail ic fannaib. Fa*i*sidiud[12] menic. Michata[13] cuirp. Catu do anmain[14]. Doennacht[15] fri hecin. Torrama gall*rach*[16]. Croisfigeall hi toi[17]. Troige do deidnius[18]. Scrutach sgreptra[19]. Adscela do faisneis[20]. Onair[21] do senaib. Saire do[22] sollamnaib. Cumbri ca*s*ta[23]. Coimed cairdesa. Mna do mórimgabail[24]. Athuath dia n-érscelaib[25]. Romiscais dia[26] raidsecbaib. Nemrochtain a rocomraid[27]. Cen [fo. 39 a, 2] oentaig an oentige[28]. Ce*n* escus dia n-acallaim[29]. Idna isna feraib se, ferrdi dia n-anmaib[30]. Inisli[31] dia maigistir. A maigist*ir* amod*h*[32]. Finid.

[1] Teist—inso *om. L.* [2] cr*a*buld *add L.* [3] scoile Sinchill sois *L.* [4] étgud *L.* [5] impúd *L.* [6] bíthecht fri bésaib *L.* [7] tráth *L.* [8] Tirfrecor *L.* [9] cechoen *L.* [10] nefni *L.* [11] usailb *L.* [12] foisitin *L.* [13] michatu *L.* [14] cátu anman *L.* [15] oenucht *L.* [16] éscas co galaraib *L.* [17] cotoe *L.* [18] thinnisu *L.* [19] scrutan screptra *L.* [20] aisnis forcitail *L.* [21] onoír *L.* [22] i *L.* [23] cantana *L.* [24] mór *om. L.* [25] aduath do airscelaib *L.* [26] do *L.* [27] cen rochtain ar rochomrad *L.* [28] cen anoentaid oentaige *L.* [29] cen escas dacalla*im* chobnessam *L.* [30] idna—anmaib *om. L.* [31] isle *L.* [32] a*mm*agist*ir* a*m*mog. Incomdiu atig*er*na *L.*

APPENDIX

This is Coeman of Cluain mac Treoin's testimony as to the school of Sinchell the Young of Cell Achid.

These are the rules and customs that were at young Sinchell's school. Devotion without weariness. Humility without murmuring. Dressing without extravagance. Fasting without violation. Exile without return. . . . against frivolities. Blessing the meal. Dining without leavings. Perseverance in learning. Observance of the canonical hours. Cultivation of Heaven. Strengthening every weak one. Not caring for the world. Desiring mass. Listening to elders. Adoration of chastity. Standing by the weak. Frequent confession. Contempt of the body. Respect for the soul. Humanity in need. Attending the sick. Cross-vigil in silence. Pity to sickness. Searching the Scripture. Relating the gospels[1]. *Honour to the old. Keeping festival days holy. Brevity in chanting. Keeping friendship* (or perhaps *gossipred*). *Greatly avoiding women. Dread of their stories. Great hatred of their talk. Not to go to their great conversation. Not to be alone (with them,* add. L.) *in one house. Without . . . the conversation of neighbours. Purity in these men, the better for their souls. Humility to their master. Their master their servant.* (*The Lord their master,* add. L.)

Then follow these sentences, which are also found in Harl. 5280, fo. 41 a :—

Dedi as mó ainces oeni : étrad 7 cræs. Tria cræs rohindarbad Adam a párdas. Tria cræs rommill Iesu a primgeind*echt* 7 rorec ria brathair ria[2] Iacob ar craibechan[3]. Finet.

Two things that are a greater evil than (any) one thing : lust and gluttony. Through gluttony Adam was expelled from Paradise. Through gluttony Esau destroyed his birthright and sold it to his brother Jacob for pottage.

P. xx.—fo. 42 a, 1. Mugrón's (+ A. D. 980) Invocation of the Trinity. Another copy of this is found in the Lebor Brecc, p. 74 d.

Mugrón comarba Coluim Cille haec verba composuit de Trinitate.

Airchis[4] dín a Dé atha[i]r[5] uilicumachtaig ! A Dé na slóg. A Dé uasail. A t[h]igerna in domuin. A Dé dfaisneithe. A duilemuin[6] na n-dúl. A Dé neamaicsidhe. A Dé nemc[h]orpdai. A Dé nemmiten[7]. A Dé nemt[h] imside. A Dé nemfoiditnich[8]. A Dé nemt[h]ruailnidhe. A Dé nemmarbdai. A Dé nemchumscaigthe. A Dé suth*ain*[9]. A Dé foirpthe. A Dé trochair[10]. A Dé adhamraigthe[11]. A Dé aduathmair[12]. A maith forordai. A athair nemdai fail i nimib, airchis[13] din !

Airchis[13] dín, a Dé uilichumachtaig, a Isu Críst, a mei*c* Dé bíl[14] A meic rogenair fo dí[15]. A oengeinne[16] Dé athar. [fo. 42 a, 2] A primgeinne[17] Maire

---
[1] an leg. soscéla ? [2] ria brath *MS.* [3] *H. adds* sell. [4] erchis *B.* [5] om. *B.*
[6] duilim *B.* [7] nemmitte *B.* [8] foidnig *B.* [9] bidain *B.* [10] trocair *B.* [11] om. *B.*
[12] fil indnim erchi*s B.* [13] erchi*s B.* [14] bíi *B.* [15] dií *B.* [16] ængine *B.* [17] rí mgeni *B.*

APPENDIX. 43

oighe. A meic Dauida. A meic Abràham¹. A t[h]osach² na n-uili. A forcend an domuin. A briathar Dé. A séd na flatha nemdai. A betha na n-uili. A fírinne tsuthain. A immhaighin³. A c[h]osmailes. A dealb Dé athar⁴. A lám Dé. A dóit Dé. A nert Dé. A deis Dé⁵. A fírecnai. A fírsoillsi cena⁶ soillsiges cech n-dorchai⁷. A solus tairchedaig⁸. A grian na fírinde. A rétla matindai. A delrad na deachtha⁹. A t[h]aithneam¹⁰ na soillsi suthaine¹¹. A t[h]uicsi an betha rundai. A etirsidaigthe na n-uili duine¹². A t[h]airngertaig na hecailse¹³. A oegaire tairise an treoid. A fresciusiu na n-iresech. A aingil na comairli moíre¹⁴. A fírfaith¹⁵. A fírabstail. A fírforcetlaid. A uasalsacairt. A maigistir. A Nasarda. A glanmongaich. A s[h]ásad bithbéo. A bile an betha¹⁶. A fírúnemain. A flesc do freim Iessé¹⁷. A rí Israel. A sláinicid¹⁸. A dorus an betha. A blath togaide an maige. A lil na n-gleann. A ail na sonairte. A cloch uillech. A Sion nemdai. A fotha na hirse. A uain ennaic. A mind. A choera cennais. A tadchrithidid in chiniud[a] daon[d]a. A fírDé. A fírduine. A leo. A ocdaim. A aqil. A Crist crochdai. A brithem bratha, airchis dín!

Airchis dín, a Dé cumachtaig, a Spirut Naob! A Spirut as uaisle cech spirut. A mér Dé. A coimed na cristaide. A comdidantaid na toirsech. A coensuaraich. A etar [fo. 42 b, 1] guthid trocar. A thi[d]nachtaid ind fírecnai. A auctair na scribture naoibe. A airrechtaid na érlabrai. A spirut sechtdealbaig. A spirut in ecnai. A spirut inn intlechtai. A spirut na comairle. A spiruta na sonairte. A spirat ind fessa. A spirut na báide. A spirut ind uamain. A spirut na deirce. A spirut ind ratha. A spirut on ordnigther cech n-uasal!

Mugrón a successor of Columcille haec verba composuit de Trinitate.

Have mercy on us, O God father'omnipotent! O God of hosts. O sublime God. O Lord of the world. O unspeakable God. O Creator of the elements. O invisible God. O incorporeal God. O unjudgeable God. O immeasurable God. O impatient God. O immaculate God. O immortal God. O immoveable God. O eternal God. O perfect God. O merciful God. O admirable God. O dread God. O golden good. O heavenly Father that art in Heavens, have mercy on us!

Have mercy on us, O omnipotent God, O Jesus Christ, O son of living God! O son that was born twice. O only-begotten of God the Father. O first child of Mary the Virgin. O son of David. O son of Abraham. O beginning of all. O end of the world. O word of God. O jewel of the heavenly kingdom. O life of

---

¹ abrahaim B. ² thoisig B. ³ imagin B. ⁴ athar om. B. ⁵ a athair add. B.
⁶ cena om. B. ⁷ cech duine B. ⁸ taircedaig B. ⁹ diadachta B. ¹⁰ thaitnem B.
¹¹ a thopar in bethad bithbuain add. B. ¹² a thuicsi—duine om. B. ¹³ noim add. B.
¹⁴ .n. add. B. ¹⁵ a fír flatha B. ¹⁶ na bethad. a fírmeas B. ¹⁷ do réim Moysi B.
¹⁸ *Here B breaks off, a leaf being lost between p. 74 and p. 75.*

APPENDIX.

all. O eternal truth. O image, O likeness, O figure of God the Father. O hand of God. O arm of God. O strength of God. O right hand of God. O true wisdom. O true light that lighteth every darkness. O . . . light. O sun of truth. O morning star. O radiance of the Godhead. O splendour of the eternal light. O intelligence of the mystic world. O intermediator of all men. O betrothed of the Church. O trusty shepherd of the flock. O expectation of the faithful. O angel of the great counsel. O true prophet. O true apostle. O true teacher. O high priest. O master. O Nazarene. O fair-haired one. O ever living satisfaction. O tree of life. O true vine. O sprout of the root of Jesse. O king of Israel. O Saviour. O door of the world. O chosen flower of the plain. O lily of the valleys. O rock of strength. O corner stone. O heavenly Zion. O foundation of faith. O innocent lamb. O diadem. O gentle sheep. O redeemer of mankind. O true God. O true man. O lion. O ox. O eagle. O crucified Christ. O judge of Doom, have mercy on us !

Have mercy on us, O omnipotent God, O Holy Spirit ! O Spirit that is nobler than all spirits. O finger of God. O guard of the Christians. O comforter of the sorrowful. O gentle one. O merciful intercessor. O giver of true wisdom. O author of Holy Scripture. O ruler of speech. O septiform spirit. O spirit of wisdom. O spirit of understanding. O spirit of counsel. O spirit of strength. O spirit of knowledge. O spirit of gentleness. O spirit of awe. O spirit of charity. O spirit of grace. O spirit by whom all high things are ordained !

P. xxiii.—fo. 51 b, 1. A poem on twenty maledictive Psalms (*sailm escaine*) as arranged by Adamnan, followed by the names of twenty apostles and saints that are to be invoked with each Psalm. As to the use of these maledictive psalms see Trip. Life, pp. 114 and 476; *Silva Gadelica* I. p. 77, 9; also LL. p. 149 b, 51, where the dethroned king Diarmait mac Cerbaill complains:—

> Air romdilsig[-se] mu rí,
> mac maith Mairi ingini,
> o ragabsat na curi
> salma ardda escuine.

> *For my King has cast me off,*
> *The good son of Mary the Virgin,*
> *Since the bands (of priests) have sung*
> *Lofty psalms of malediction.*

The following are the psalms enumerated in this poem: Ps. 2, 3, 5, 7, 13, 21, 34, 35, 37, 38, 49, 51, 52, 67, 78, 82, 93, 108, and the 'canticum' (*in chantaic*) of Moses, Deut. xxxii, beginning 'Audite caeli quae loquor.' The apostles and saints invoked are: Peter, Paul, John, Philip, Bartholomew, Thomas, Matthew,

APPENDIX.

James, Simon, Thaddeus, Matthias, Mark, Luke, Stephen, Ambrose, Gregory (called *gin co n-ór, i.e. χρυσόστομος*), Martin, Old Paul, Antony (called *manach maith*, 'a good monk'), and George.

Sreth a salmaib suad slan
feib rohorddaig Adamnan,
do escaini, mod cen cleith,
ond eclais for cach m-bidbaid.

Drem do noebaib, mod cen táir,
do attach lá salmgab*áil*:
salm ce*ch* lathi, lathar soer,
ardapstal *no* uasalnóeb.

In cetna salm sobraig seís,
'Quare fremuerunt gentés,'
'Dom*i*ne quid,' cian roclos,
'Uerba mea auribus.'

'Dom*i*ne d*eu*s m*eu*s' moasech,
'Dixit insipiens' toisech,
in sess*ed* salm, sorcha a gne,
'D*eu*s d*eu*s m*eu*s respice.'

In sechtmad na bith dar eis,
'Iudica dom*i*ne nocentes,'
ní coir a n-eisleis bi fus,
ocus 'Dixit iniustus.'

'Dom*i*ne ne,' nert atchuas,
'in furore tuo arguas,'
'Dixi custodiam,' ni lonn,
ocus 'Deus deorum.'

'Quid gloriaris,' garg gle,
'Dixit insipiens' aile,
'Exurgat,' bis segda in doss,
is 'Saluum me fac d*eu*s.'

'D*eu*s, uener*un*t,' ni dis,
ocus 'D*eu*s qu*is* similis,'
'D*eu*s ultion*u*m' na n-drenn,
in dremon 'Deus laud*em*.'

APPENDIX.

In chantaic co n-gléri gal,
'Audite caeli qu*ae* loquar,'
in fichetmad forainm n-glé
do thogairm na srethe se.

Am*ail* ata rith na rann
isna salmaib, síd nad mall,
atá ca*ch* noem nertmar mod
for oen insint srethugu*d*. S.

Pet*ur* aps*tal ocus* Pol,
Ioha*nn*, Pilip, Barthal*ón*,
Tomas *ocus* Matha mas,
Iacob, Simon somblas.

Tatha *ocus* Madian roclas¹,
Marc*us*, Lucas, Stefanos,
A*m*br*ois*, Griguir, gin co n-ór,
Martan soer ocus Sen-Pol.

Anton ropo manach maith,
Giurgi cara dond ardflaith,
ni tánic dia n-eis cose
gabad seis na srethi si. S.

Ib.—fo. 52 a, 1. The first thirteen lines of this page beginning *muintire*. *Ollam dicit* are the continuation from the preceding page and the end of the *Immathcor Ailella ocus Airt*.

Ib.—fo. 52 a, 2. Dá Choca's poem. There is another copy in Egerton 88, fo. 14 b². Both copies were made from the Cin Dromma Snechta, a lost MS., on which see O'Curry, *MS. Materials*, p. 13.

Atberait araili co m-bad he Dá Choga in gaba o raiti*r* Br*uiden* Dá Coga nochanad na runna sa aidchi togla Bruighne Da Coca for Corbm*ac* Connlongais oc indisin do ind fuiric fogebad. *Nó* in t-eicsine ait. Luid Banban an t-eices do tig Desnaiti na mná. Dosmb*ert* Desnat fuirec dóib. Aspe*ir* in t-eicess frisin eicsine bai ina cotlad: 'Atrai,' ol se, 'donánaic timtir*echt*.' Asp*ert* Banban do f*r*omad ind ecsine: 'Indis dún tria dlig*ed* do dana in fuirec sin doratad duin.' Is and ait in t-eicsine³:

'Fil and grian Glindi hÁi' 7 rl.

¹ *Leg*. roclos. ² [In]dcipiat*ur* nunc Cin Droma Snech*tai* annsa iarna tolomradh do Giolla Comain truagh o Congalain anrobo deach lais innti. Banban an t-ecius dofusich an t-h*e*rmines asa coltu*d*. 'Atroi,' ol sé &c. *Eg*. ³ tré dlig*ed* do danai cia timp*erecht* tucad ant, conad ant aspert-aim *Eg*.

APPENDIX. 47

'Ambí' .i. nidat beo na huighi. 'Beo acrav' .i. na cerca. 'Coro .c. c. rí' .i. maith lasna rígaib eat. 'Do ísl ban' .i. ni bí [fo. 5a b, 1] mfl ferrda do ésconga[ib], *acht* banda vili. 'Dia fil nad luthaigi[h]er' .i. ar snám bít dogréss. 'Dér mna gile' .i. dobeir dera¹ a suil*ibh*² an fir an chaindenn. 'Dea n-innart gach n-det' .i. ad*b*·rat ind filid is de uball is comarta fiacla i cend caich. 'Ben dairi' .i. gæth, fobith is laisin n-gaith laighidh cach n-daire. 'Dosnuic comainm [mná]' .i. Desnat ainm na mná dusnvc³ an timtir*echt*. 'Saill tuirc' 7 rl. Ni fil isin Cin Droma sin. 'Tuirc trethain' .i. [saill] muici mara. 'Ta*rraid* eim' .i. iarna eim*ed* .i. berb*ad*. 'Fithrech' .i. dúilesc. 'Macall' .i. femnaighi. 'Maigi rein' .i. na fairrge. 'Trebthan' .i. criathar mela. 'Manach maighi F*ail*' .i. na m-bech.

Fil and grian ᵃ Glindi hÁi ᵃ ᵇ,
aile taile ᶜ trachtadh ᵈ bi,
oirc ᵈ erc ᶠ ambi ᵍ beo ʰ a crí¹ ⁱ,
cruinde coire cart*us* rí{.

Fil and aisil de ʲ sí ban *l*,
diandath ⁷ luthbasa imsnam,
fil and farruth ⁶ ᵏ de ᵐ sruth ˡ glan ᵐ,
atceas a glan ᵐ a n-¹⁰ inglan ⁿ.

Fil ¹¹ cend fir ᵒ tuinde foltcha,
doceas hi ¹² tuaraib ⁹ uaraib ¹³,
fil dér mná gile ᵍ goirte
dobeir soglus do sluag*aib*.

Forcan ʳ dia n-indart ˢ ¹⁴ ᵗ gach n-det ¹⁵ ᵘ,
atcobrai ᵛ cech tet[h]rai ʷ,
orcan ˣ cruind glas nat má ʸ mét ᶻ,
cen abæ ¹⁶ ᵃᵃ, cen methla ᵇᵇ.

Daugar ¹⁷ ᶜᶜ augrach ben daire
seirtiu ᵈᵈ dibarran ¹ croibe,

¹ dér *E*.	² suile *E*.	³ donug *E*.	⁴ ail *E*.	⁵ trach*tæ E*.	⁶ do *E*.
⁷ diandad *E*.	⁸ farrtha *E*.	⁹ do *E*.	¹⁰ ind *E*.	¹¹ and *add R*.	¹² a *E*.
¹³ uarraiph *E*.	¹⁴ diandindart *E*.	¹⁵ cach d*et E*.	¹⁶ auæ *E*.	¹⁷ dag*ur E*.
¹⁸ dob*arran*					

ᵃ .i. nighi cerc. ᵇ .i. is and bít a nighi don circ imo ai (ima haoi *E*.). ᶜ .i. do coibdius cena so. ᵈ .i. nighe. ᵉ .i. ilar. ᶠ .i. uighe *E*. ʰ .i. cerc. ⁱ .i. a cru na cercai *E*. ʲ .i. escong. ᵏ .i. coirm (cuirm*m Eg*.). ˡ .i. uisci (d'uisce *E*.). ᵐ .i. ab aqva. ⁿ .i. i tresc. ᵒ .i. capat ploes (capat piscis *E*.). ᵖ .i. tuara. ᵠ .i. fircaindenæ *E*. ʳ .i. uball. ˢ .i. barr *E*. ᵗ .i. orgain *E*. ᵘ .i. dens *E*. ᵛ .i. mian *E*. ʷ .i. ben *E*. ˣ .i. nomen alind don uball. ʸ .i. maith *nó* mor *E*. ᶻ .i. sed *E*. ᵃᵃ *nó* ea *R*. .i. cin cluasa *E*. ᵇᵇ .i. mes *E*. ᶜᶜ .i. gaeth. ᵈᵈ .i. tascair.

APPENDIX.

dosnuic¹ᵃ [com]ainm mna ᵇ soire
foluí*n*g sil cineoil daine³.

Saill tuirc trethain tarraid eim,
fithrech macall moighe⁵ rein,
trebthan manach muighe⁴ Fail
nad⁶ condechatar tar⁶ reir.

Fil canda tascrus⁷ be daire
la tobar⁸ án ferba faili⁹. Fil and.

Some say that it was Dá Choca the smith, from whom Bruiden Dá Coca is called, who on the night of the destruction of Bruiden Dá Coca sang these quatrains to Cormac Condlongais, telling him the repast that he would get. Or the apprentice bard sang them. Banban the bard had gone to the house of the woman Desnat, who prepared a repast for them. Said the bard to the apprentice who was asleep: 'Get up,' *said he,* 'we are served.' *To test the apprentice Banban said:* 'Tell us by the rules of thy art* [i. e. through kennings] *the repast that has been given us.' Then said the apprentice:* 'Here is gravel of the glen of á.' *&c.*

P. xxiv.—fo. 64 a, 2. The two stanzas in *rinnard* beginning *Cach noem robói fil bias* are from the Félire, Epil. 289 (with the variant *búadach* for *órígach*). The two lines added to the second stanza run thus:

A Isucan inmain,
rocomalltar amlaid.

*O beloved Jesukin,
Thus may it be fulfilled!*

P. xxv.—fo. 64 a, 2. The whole quatrain runs thus:

Cech noeb, cech noebuag, cech martir,
doruirmes, cech apstal ard,
a n-itge leam for Dia atagar,
romain ar gach n-gabu*d* n-garc.

*Every saint, every holy virgin, every martyr,
That I have recounted, every high apostle,
I beseech their prayer for me with God,
May it protect me from every rough peril.*

P. xxx.—fo. 98 b, 2. The four quatrains on Belltaine (May-day), Lugnasad

¹ dusnuc *E.*   ² foloing siol cineoill daoine. gap anun*n*. *E.*   ³ muigi *E.*   ⁴ maigi *E.*
⁵ na *E.*   ⁶ a *E.*   ⁷ tursc*u*s *E.*   ⁸ topu*r*an *E.*   ⁹ faili *E.*

ᵃ .i. timthi*r*echt.   ᵇ .i. Desnat.

APPENDIX. 49

(Lammas-day), Samain (All Saints day) and Imbolc (Candlemas) are also found
in Harl. 5280, fo. 35 b, 2, and run as follows:

Atberim frib, lith saine [1],
ada buada belltaine:
coirm, mecoin [2], suabais serig [3],
ocus urgruth do tenid [4].

I tell to you, a special festival,
The glorious dues of May-day:
Ale, worts, sweet whey,
And fresh curds to the fire.

Lugnassad [5], luaid a hada
cecha bliadna [6] ceinmara [7],
fromad cech toraid co m-blaid [8],
biad lusraid la Lugnasaid [9].

Lammas-day, make known its dues,
In each distant year:
Tasting every famous fruit [10],
Food of herbs on Lammas-day.

Carna [11], cuirm [12], cnoimes, cadla [13],
it e ada na samna,
tendal ar cnuc co n-grinde,
blathach [14], brechtan urimme [15].

Meat, ale, nut-mast, tripe,
These are the dues of summer's end;
A bonfire on a hill pleasantly,
Buttermilk, a roll of fresh butter.

Fromad cach bíd iar n-urd [16],
issed dlegair [17] i n-Imbulc [18],
dfunnach laime is [19] coissi is cinn,
is amlaid sin [20] atberim.

Tasting every food in order,
This is what behoves at Candlemas,
Washing of hand and foot and head,
It is thus I say.

---

[1] lith ngaili R.   [2] mecon R.   [3] seire R.   [4] teine R.   [5] lugnasaid R.   [6] in cech
blia*dain* R.   [7] cenmara H.   [8] fo nim R.   [9] lasad lusrud lughnasad H.   [10] Cf. the following scribe's note in Eg. 1782, fo. 56 a: Lá aipchi na n-uili thor*ad* immar*ach* .i. la Lughn*asad*,
id est sath*arn*.   [11] carnsa H.   [12] coirmb H.   [13] cadlæ H.   [14] blatach H.
[15] urimbe H.   [16] bís i*a*d urd R.   [17] dlegar R.   [18] iar imbulc R. an imbuilg H.
[19] *om.* H.   [20] sain H.

APPENDIX.

P. xxxi.—fo. 100 b, 2. This version of the *Compert Conchobair* or Conception of Conchobar is identical with the one printed from the Yellow Book of Lecan and H. 3. 18 in the *Revue Celtique*, vol. vi. p. 178.

Neissi ingeun Echach Salbuide bui inda rigsuide amaig ar Emain 7 a rigingena uimpi. Dolluid an drai seci .i. Cathbad drai. Do Tratraigi Maige hInais dáo. Atbert an ingen fris: 'Cid dianat maith ind uair si indosa?' ol si. 'Is maith, ol se, do denum rig fri rigain.' Iarmafoacht ind rigan imba fír. Asnoi an drai tar dea, ba fír. Mac dogenta isin uair sin forbia Erinn co brath. Tocuirestar -som iarum an ingen ina dochum, o nach aca ferscal ind-ocus dí. Ba torrach an bean. Bai in gein fo brú trí misa for teora bliadna. Oc fi[e]ith Uit[h]ir ba halacht, *ocus araile*. Isin Luirig Iairn tic sin.

Neissi daughter of Echu Yellow-heel was on her throne outside before Emain, and her royal maidens around her. Cathbad the druid went past. He was from the Tratraige of Mag Inis. Said the maiden to him: 'What is this present hour good for?' saith she. 'It is good,' saith he, 'to beget a king upon a queen.' The queen asked whether it were true. The druid swore by the gods, it was true; the son that would be made at that hour (his name) would live in Ireland till Doom. Then the maiden invited him to her, as she saw no (other) male near her. The woman became pregnant. Three years and three months the child was in her womb. At the feast of Uither she was brought to bed, and so on, as it comes in the 'Iron Hauberk¹.'

[1] The name of a MS.

P. xxxii.—fo. 105 b, 2.
THE STORY OF MAC DÁTHÓ'S PIG AND HOUND.

I follow Windisch's numbering of paragraphs. See *Irische Texte*, pp. 96–106.

1. Bái brughaid amra do Laighnib, Mac Dathó a comainm. Baei cú occa no imthige*d* Laign*iu* ulli a n-oenló. 'Ailbhe di*diu* ainm in chon sin, un*de* Magh n-'Ailbhe di*citur*. O*cus* is dó sin asrubrad:

> Mesr[o]eda ainm M*ic* Dathó,
> 'gá m-bai in muc, ní bimarghó,
> is Ailbe a chú glan glic glé,
> otá magh n-airrd*irc* n-Ailbé.

Bá lán tra Eiri do chlú 7 airrd*ir*cus in chon sin. Dotiaghat in tan sin techta o Meidhb 7 o Ai*li*ll co Mac Dáthó do chuindghid a chon fair. Immalle im*m*orro dodechatar 7 techta Ula*d* 7 Conchoba*ir* do chuinchid an chon cétna. Roferad failti friú 7 ructha chuigi-sium isin m-bruidin¹ íat. Is hí sin an cuised bhruiden² hE*ren*n an inbaidh sin .i. us*ce* bruithe nobís innti dogr*és*, 7 bruidhen³ Dá Berga hi feraibh Cúalann hi Laighnib 7 br*u*iden² Forgaill Monach a taebb L*us*cai 7 br*u*iden Dareo hi m-Br*ef*ne 7 br*ui*den Da Coga a n-farthar Midhe. Secht n-dorais tra no-bíth for cech m-bruidi*n*, sech*t* sligedha trithe 7 sec*ht* tellaighi innti. Secht coiri isna secht tellaigib. Dam 7 tinne nothe*i*ged in cech coiri dib 7 in fer nothei*s*ghed íarsin alig*id* dobered ind aeol isin coiri 7 inní dobered aníss don c*hét*gab*áil*, is ed no ithedb, 7 mine tuctha *t*enní aníss don cétgab*áil*, ni bíd araill dó.

2. Ructha na techta co Mac Dáthó isin lebaid² do airec tuili dosb riassa dobertha a cuitig dóib. O*cus* roraísdset a n-aithesca. 'Do chuinchid in chon dodecha-marne,' ar techta Conna*cht* o Ai*li*ll 7 o Meidb, '7 doberthar tri*fi*chit c*ét* lulgach ina commain fócetoir 7 carp*at* 7 in da ech is ferr bes a Conna*cht*a fái, 7 a commain i cind blia*dn*a cenmotha sin uili.' 'Dia cuinncid tancamar-ne,' ar techta Ula*d* 7 Conchaba*ir*, '7 ni ba messa Concaba*r* do carait oldas Ai*li*ll 7 Medhb. O*cus* dob*é*rthar in coimest cetna atúaid co n-imarcraid fair 7 biaid degcaratrad de dogr*és*.'

¹ bruigin MS. ² bruigen MS. ³ 'na imdai, LL.

H 2

APPENDIX.

3. Rola i socht mór Mac Dáthó 7 bái trí tráth cen cotlad 7 ni caemnacair biad do ithe ar med a ánima, *acht* bái oc a immarchor on taeb co araili. Is ann sin roaccaillest*ur* a ben hé 7 is *ed* asbert: 'Is fata in trosc*ud* atái,' or sí, 'át*á* bíad imda ocat gen cu besta.' Conid ann asbert:

'Tucad t*ur*ba*id* cotalta
do Mac Dathó coa tech,' 7 rl.

4. Iarsin tra atracht Mac Dathó suas 7 nosbertaigenn 7 is *ed* asbert: 'Tabraid bíad dún tra,' or sé, 'co m-ba maith dún 7 dona haígedaib tancatar sund.' Anait side aigi-sium ré tri lá 7 tri n-aidchi 7 teít leo for leith .i. la *tech*taib Conda*cht* ar tús 7 atbert friu: 'Rombá-sa tra,' ol sé, 'a ceist 7 a c*u*mtaba*irt* móir, conidh edh rofás desidhe, co tart*us* in coin do Ail*i*ll 7 do Meidb 7 tecait ar a cend co soc[h]*r*aid 7 co huallach an lín as lía fogébat do churadaib 7 do degdaínibh 7 rosbia lind 7 biad 7 aisceda imda ar cena 7 berait in coin 7 is mochen dóib.' Tíagait ass na teachta sin 7 robtar buidigh.

Doluid da*no* lá techta Ulad 7 atbert friu: 'Doratus tra,' ar sé, 'in coin as mo cumtaba*irt* do Conchoba*r* 7 ticed co huallach ar a cend 7 formna in cóicidh 7 bera(i)t [1] aisceda imda eili 7 rofo*r*bía saílti.'

5. A n-oenló imm*orro* rodáilest*ur*-som fat uili. Ní rofailliged did*iu* leo-som inní sin. Doriachtatar tra farsin da*no* da choíced Er*enn* co m-batar a n-dor*us* bruidne [2] Mi*c* Dáthó. Dochuaid-sium feín ar a cinn 7 ferais fáilti friú. 'Is mochen dafb, a óca,' ol sé. 'Táitidh amuigh isin less.' Lotar íars*um* anund isin bruidin [3]. Leth in tighi do Connachtaib 7 an leth eili d'Ulltacha*ib*. Nírbo bec an tech ísin [sic]. Sec*ht* n-dorais air 7 c*óica* imda itir dá dor*us*. Nírbo heinighí carat cach im fleid in luc*ht* bátar isin tigh sin, uair sochaide díb rofuáchtnaig fri araili .i. tri c*hét* bl*iadan* ria n-gein Cr*ist* bái cocad etorra. 'Marbthar in muc dóib !' ar Mac Dátha*o*. Sesca gamnach oc á bíathad co cend *secht* m-bl*iadan*. Tría neimh imm*orro* ro bíath*ad* an muc sin, corolatha ár fer n-Er*enn* impe.

6. Tucad dóib iar*um* an muc 7 *sesca* dam dia tarraing na hénmuici, cenmótha a m-bíad archena. Mac Dáthu feín oc á feirthigis. 'Mochen dáib,' ar sé, '7 ni dabur samail frisin cutruma m-bíd sin. Ataat [4] muca imda 7 aighi lá Laighniu 7 a testa dá bhar m-bíath*ad* anoc*ht*, muir[b]fiter duib amárach.' 'Is maith in bíathad,' ar Conchabar. Nónbar imm*orro* robái fón cleith for a raibe tarr na muici 7 bái a n-eiri and. 'Is maith in muc,' ar Conchabar. 'Is maith,' or Ail*i*ll. 'Cind*us* roindfit*er* in muc, a Choncaba*ir*?' or Ailill. 'Cind*us* is áil duib a roind,' ar Bricriu mac Carbhaid anúas asin imdaidh, 'bali itát laich gaili fer n-Er*enn*, acht

---

[1] I added under the line.   [2] bruighne MS.   [3] bruighin MS.
[4] The corresponding passage in Irische Texte, p. 99, should be printed as follows: ni dabur samail rissin. Ataat, &c.

a roind ar comromaib gaiscid 7 doratt cach dīb builli dar sroin araile ár sin.'
'Dentar amlaid,' or Ailill. 'Is maith lind,' or Conchabar, 'uair atat gille dún
isin tig roimthigset in coicrích mór fecht.'

7. 'Ricfiter a les anocht do gille, a Chonchabair,' ar senlæch amra a Crúachnaib
Conalath anfar. 'Bá meinic roda Luachra Dedad¹ for a tóin. Bá meinic agh
méith do fǽbail lim-sa beos.' 'Fa méith in t-ag forfacbais-siu lim-sa,' ol Muin-
remar mac Geirrgind, '.i. do brathair féin Crusthne mac Ruáidlinde a Cruachnaib
Connacht.' 'Nírbo ferr side,' or Lugaid mac Conrái, 'inás Irloth mac Fergusa
mic Leiti forfácbad la hEchbél mac Dedad¹ hi Temair Luacra.' 'Cindus fir lib,' ar
Celtchair mac Uithechair Conganchnes mac Dedad¹ do marbad dam-sa fein 7 mé
do bein a chinn de.'

8. Immátormailt cách díb a chomrama a n-agaid araile, co rīacht fodeóid² curin
oenfer robrís for cach .i. Cet mac Mághach do Connachtaib. Tuarcaib side
immorro a gaisced don t-slúaig 7 rogab a scín ina láim co n-deisid ocon muic.
'Fogabar tra do feraib Erenn,' ol se, ' oenfer tairisme comroma dam-sa, nó léicid
in muic do roinn dam.'

9. Ní frith in tan sin láech a tairisme ag Ulltaib 7 rolá socht mór forra in tan
sin. 'An dam sin, a Lægairi,' or Concabar. 'Ni bá fír ón,' or Loeghairi, 'Cet
do roinn na muici ar ar m-belaib-ne uili.' 'Mall biuc, a Loeghairi,' ar Cet, 'co-
romgladathar-sa. Dáigh is bés dáibh-si in bar n-Ulltachaibh cach mac acaibh
gabhus gaisced is chucainne cenn a báire. Dochúadais-si isin coicrích 7 immatārraid
dún isin coicrích, curfácbaisi in t-ara 7 in carpat 7 na beochu lim-sa. Ocus
atrullais 7 gai tréot ár sin. Nistoirchi an muc fón indus sin.' Deisidh Loegairi
ina suidhe ina lebaid.

10. 'Ni bá fír ón,' or óclach find mór do Ulltaib, 'Cet do roinn na muici,' oc
tuidecht anúas asan imdaid³. 'Cía so?' or Cet. 'Is ferr do loech ināi-si,' or
cách, '.i. Oenghus mac Lámgubha do Ulltaib ind sin.' 'Cid diatá Lámgubba for
a athair?' or Cet. 'Ní setamar éimh,' or cách. 'Rofetar-sa,' ar Cet. 'Dochú-
adus-sa sair,' or sé, 'fecht and. Eīgther imum, conamtarraid Lamguba a cumma
cáich. Teilcid urchar do gai mór form-sa. Dusleicim-si urchar don gai cétna
fair-sium, gurben a lám de, coraib hi isind achad ina fladnaisi. Cid dobeir mac an
fir sin do comroma chucam-sa?' or Cet. 'Arsin téit Oengus ina lesbaid.

11. 'In comroma do tairisim beos,' or Cet, 'no an muic do roind.' 'Ní ba fír
a roind duit-si, a Cheit,' or loech find mór eili d'Ulltaib. 'Cía annso?' or Cet.
'Eógan Mór mac Durrtachta sin,' or cách, '.i. rí Fernmaighi.' 'Atcondarc-sa
riam,' or Cet. 'Cait a facadais?' ar Eogan. 'A n-dorus do tigi féin ac tabairt
tána bó uáit. Rohéiged imum isin tir. Tarthusa mé gur'chaithis sleig form,

¹ degad MS.   ² fodeóigh MS.   ³ imdaigh MS.

APPENDIX.

coraibe as mo sciath. Du*s*léicim-si duit-si in sleig cétna co n-decha*i*d triat cenn g*u*rben do *s*úil as do chind. Con*u*rfaicit fir Er*en*n co n-oén*s*úil osin alle.' Deisidh ina *s*uidhi ár sin.

12. 'In comroma beos, a Ulltu,' ar Cet, 'no in muc do roind.' 'Ni roinnfir si bheos,' ar Muinremar ma*c* Geirrgind. 'In é Muinremar so?' ar Cet. 'Is é,' ar firu Er*en*n. 'Mé roglan mo lám fádeóidh innat, a Muinremair,' or Cet. 'Ní [f]uil tri tráth and ó tuc*us* tri loechcind uáit um chend do cétma*ic* as t*'*ferand feisin.' Deisidh Muinremar ina *s*uide.

13. 'In comroma beos,' ar Cet, 'no in muc do roind.' 'Rotfía-su ón,' ar laech liath mór do Ulltai*b* osé forgránda. 'Cía so?' ar Cet. 'Celtchair mac Uithechair sin,' ar cách. 'An biuc, a Celtchair,' ar Cet, ' minap dom tuarcain ticce. Ranac-sa, a Cheltchair, gu dor*us* do thighi-si. Roheighedh imam. Tánic cach im diáid¹. Tanagais-[s]i a cumma chaich, co n-dechais ar berna for ma chinn curteilcis gai form. Roteilceis-[s]a gai eili fort-sa co n-decha*i*d tr*i*at sliasait 7 tria uacht*u*r do magra*i*lli conitfili a n-galar fuail osin ille 7 conna ruca*d* mac na ing*en* duit iar*u*m.' Deisidh Cealtchair ina suidhe iarsin.

'In comroma béos,' or Cet, '*nó* in muc do roind.' 'Rotfía-su,' or Mend mac Salcada². 'Cía so?' or Cet. 'Mend,' or cách. 'Cid lib,' ar Ce*t*, 'mic³ na m-bachlach gusna lesanmaib do tfachtain do chomroma cuc*u*m-sa. Uáir bá misi bá sacart baistidh an anma sin ar th'atha*i*r-si, uáir is mé tall a *s*al de⁴, connách ruc ach*t* *s*ensal úaim leis. Cid dobé*r*adh ma*c* in fir sin do chomroma cuc*u*m-sa?' Deisid M*en*d ina *s*uide.

14. 'In comroma béos,' ar Cet, 'no in muc do roind.' 'Rotfía són,' ar Cumscraidh Mend Macha mac Concaba*i*r. 'Cía so?' ar Cet. 'Cumscraidh sin,' ar cách. 'Is adb*u*r rig arái delbha. Ni tuilli buidhe frit,' ar in gilla. 'Maith,' or Cet, ' cucaindi,' ar sé, ' tucais-si do cetghaiscedh ar tús. Immatarraid dún nar n-dís isin coicrich. Forfacbais-si trían do muintiri lim-sa 7 is amla*id* dochuadais-[s]i ass 7 gai triat bragait, connách tic focal a córai tar do chend, ó rogonad feithi do bragat, conid Cumscraidh Mend Macha do comainm ond uair sin ille.' Dorat tra fon n-ind*us* sin aithis 7 beim forsan cóicedh n-uili.

15. In tan rocertaigh oc in muic 7 a scian ina láim, connacatar Conall C*er*nach chuca isin tech. Oc*us* rot*u*rblaing for lár in tighi. Ferait Ullta*ig* fáilti móir fri Conall in tan sin. Is and sin rolá Conchabar a chathbarr día chend 7 nosbertaighend ina inadb feisin. 'Is maith lind,' ar Conall, ' ar cuit do tárrach*t*ain dún i n-erlaime. Cía roinnes dáib?' ar Conall. ' Ruc óenfer d'feraib hEr*en*n ar comromaib a roind .i. Cet mac Mága*ch*.' 'In fír sút, a Cheit,' ar Conald, ' t*u*rsa do roind na muici?' 'Is fír co deimin,' ar Cett. Is and asb*ert* Cet fri Conall:

¹ diáigh MS.   ² *n*d Caleccu.   ⁴ .i. co cloidem.
³ Windisch prints mac; but the Facsimile has m*i*c.

APPENDIX.

'Fochen Conall cridhe lícce
londbruth logha luchair egha
gus fland feirgi fo ch*ích* c*ur*adh
crechtaig cathbuadaigh atchim-si m*a*c Findchaime.'

Is ann asb*er*t Conall fri Cet:

'Fochen Cett
Cet mac Má*gach* maighen churad
cridhe n-egha¹ err trén tressa
trethan ágach cain tarbh crutbach
Cet m*a*c Má*gach*.'

Bid meand inar comrac-ne ón,' or Conall, '*7* bid mend inar n-imscaradh, beitit arscela la fer braitt, bid fiadhnaisi la fer manach, ar arcinget airg loman lonngliaidh na da fer eblaid ech*t*arechragaitt fertair 'san tigh si ano*cht*.'

16. 'Eirg on muic, a Cheit!' ar Conall. 'Cid di*diu* dotbera-su cuici?' or Cet. 'Is fír,' or Conall, 'do chuinncid comroma chucam-sa sin. Dobér éim comroma deit,' ar Conall. 'Toingim a toingit mo túath, o rogab*us* gai *nó* [gaisce]d, nách rabba cen guin duine do Connachtaib cach lái *7* gan orgain cach n-oenaidchi *7* na rochodl*us* cen cenn C*on*dach*t*aig fom glún.' 'Is fír,' or Cet, 'at ferr do laech andú-sa amla*i*d. Dia m-beith Anluán m*a*c Magach astigh,' or Cet, 'doberadh aidhe comhr*a*ma *for* araili duit *7* is ainimh nách fuil isin tig anocht.' 'Atá im*morro*,' ar Conall, la taba*ir*t cinn Anluain asa cris *7* léicidh co Cet dar a bruinde dó, co roimidh a loim fola *for* a beolu. Deisid Conall oc in muic far sin *7* téit Cet úaithe.

17. 'Tægat don comroma hife*ch*tsa,' or Conall. Ní frith ón la Connachtaib in tan sin laech a thairisme hi comromaib, ar roba lesc leo a marb*ad* doráith. Doratsat Ul*aid* [d]amdab*aig* do sc*í*atha*ib* uime immácuáirt, ar boi drochcostad isin tigh, ar doteilctís luch*t* in leithi si na clocha *for* luch*t* in leith aili. Luid iar*um* Conall do roinn na muici *7* gaba*i*d cenn in tairre ina béolu curuscáich ² dó roinn na muici. Ros*ú*ig ³ in tarr uili *7* eiri nonba*ir* bai ann, c*on*márfácaib banda de *7* rochuir a thuind *7* a srebhann úadh, ut d*ixi*t poeta :

Fiadna chrobaib *for* creit chairr,
eiri nonba*ir* a⁴ *tr*omthairr,
cen bái ac roind robailc co rath
doromailt Conall C*er*nach.

18. Ní thard im*morro* do Chonnachtaib ac*ht* cethraime na muici *nó* da cois na muici fo braghait. Ba bec lá C*on*nach*t*aib tra a cuit don muic.

¹ *nó* ela.   ² scaith MS.   ³ ros*ú*id MS.   ⁴ leg. 'na.

APPENDIX.

Atraghat side súass. Atragbat did*iu* Ula*id* don leith eile co ríacht cách araili dísb. Robái tra builli tar cluáis 7 tar cend and sin, g*ur*bó comard ré slis in tigi in car*n* do corpaib na laech robái *for* a lár. 'Ar romarbtha ceit*hri* c*é*t 7 míli fer n-armach it*er* Ulltu 7 Conn*ach*ta andsin, corom[a]idhe*tur* sec*ht* srotha do fuil 7 do chrú amach dar na *sech*t n-doirrsib. Maidhidh did*iu* amach dona sluag*aib* tar na doirrsib sin, curolásat gáir mór *for* lár ind lis 7 cách dísb ac truas*trad* 7 ac marba*d* a cheili. Is and sin gabais Fe*rgus* dóib .i. do Con[n]*ach*taib in n-daraig móir bái *ior* lár ind liss iarna be*fm* dó asa fremaib. Atberat araili is é Cur*í* mac Dáiri rogab in n-daraig dóib, 7 is ann sin doriacht s*om* fat, ar ni raibi nech d'feraib Mu*man* and reimhe sin, acht Luga*id* mac Conr*í* 7 Cetin Pauci. O dorfacht Curí fat, ruc leth na muici *con*a dr*uim* ó Leith Cuinn a oenar. Maidid tra dísb asin lis amach. Dogníat cath i n-dor*us* an lis beos.

19. Is and sin dochúaid Mac [Dá]thó amach 7 in cú ina láim curolesc etorra hí d*u*s cía dísb notogbfad. Doraegha tra in cú Ulltu 7 for*fó*ba*ir* for letrad Connacht co mór. Do*c*[h]óidh Ail*i*'ll 7 Medb ina carpat 7 a n-ara leo, gurléic Mac Dátho in coin ina n-díaid¹ 7 atb*erat*-s*o*m is a Moigib Ailbe rogab cú sertas in c[h]arpait bái fó Oil*i*'ll 7 fó Meidb. Is and sin dorat ara Ail*ell*a 7 Medba builli don choin curolá a coland *for* leith 7 gur an in cend hi sertais in c[h]*arp*a*it* oc Ibhar Cinn Chon, un*de* Conn*acht*a dic*un*t. 7 asberat-s*om* did*iu* is ón coin sin rohainmnigthea Muighi Ailbe, úair rob 'Ailbe ainm in chon.

20. Issí iar*um* conair tancatar Conn*ach*ta andes .i. *for* Belach Mughna, sech Roirinn, sech 'Ath Midbine a Maistin, sech Cill Dara, sech Ráith Imgán a Fid n-Gaibli do 'Ath Mac Lughna, sech Druim Dá Maige *for* Drochat Cairpr*í*. Is ann sin rolá cend in chon asin carp*ut* oc 'Ath Chind Chon a Feraib Bili. Oc t*ech*t iar fraechmagh Midhe sfar, is ann sin do*n*marlaic Ferloga isin fraech .i. ara Ail*ell*a 7 *for*roleblaing in carp*at* far cul Concho*bar*, corogaib a cenn tar a ais. 'Indarlem,' or sé, 'a Conchaba*ir*, nocha raghthar de.' 'T'uágreir deit,' or Concho*bar*. 'Ní ba mór uait it*ir* ón,' or Ferloga, 'úair gébat mo breith lat co hEmain Macha 7 mná Ulad 7 a n-ingena macdachta do gab*áil* a chepoige² imum-sa cacha nona 7 co n-abr*at* uili : Fe*r*logha mo lennan' 7 rl. 'Rotísa són,' ar Concho*bar*. Ba beicen did*iu* do ingenaib Emna sin do dénam, ar ní lamhdaíss cena lá Concho*bar* gen a dénam. 7 roléic dia blia*dna* *for* 'Ath Luain sair³ 7 dá ech Conchaba*ir* imme cona srianaib ofr friú 7 ní ruc na cepóca cé ruc na heocha. Conidh hé sin scaradh Ula*d* oc*us* Connacht im choin M*ic* Dáthó 7 imm*á* muic. Finit⁴.

¹ dfaigh MS.   ² .i. a sianain.   ³ leg. siar.   ⁴ Finet MS.

P. xxxiii.—fo. 114 b, 1.

ERCHOITMED INGINE GULIDI INSO.

1. [R]i rogab Mumain, edhón Feidlimid mac Crimthain. Luid side fecht and for mórcuairt Muman con[d]arala siar i n-Iarmumain coro*acht* 'Ath Loche. Ba handsén bai baili Gulide in cainti ba geriu 7 ba gortiu 7 ba hamainsiu bai i n-H*é*riu ina aimsir. I n-dulig erraig do*no* dochotar siar na sloig. Feraid snechta mór foraib corofeimdetar na slo*ig* im*th*ech*t* ann. Dethb*i*r ón, ar doroiched gluni fer in snechta. Rofiarf*aig* Feidlimid dona heolch*ai*b: 'Cia is nesa dun sund?' ol se. 'Ni fetamar ém,' ol seat, 'ach*t* mad Gul*i*de 'Atha Lóchi, do chara fein.' 'Fortgillim ém,' ol Feidlimid, 'más eisen fil ann, is gulbnide 7 is gér 7 is goirt 7 [fo. 144 b, 2] is amn*us* fichda feigbr*i*athr*a*ch feichemanda. Imfac*us* do ath-chuingith neich[1] co neoch, 7 ni maith fein dia tidnacul. Aráide do*no*,' ar Fedlimid, 'cen cop fial fri fenech*us*, cen cop soicblech tidnacail, cen cop suarrach tabarta, atat ar commáine fair. Ruc ar n-ór 7 ar n-arget 7 ar n-e*s*c*ra*, ruc ar n-eocha 7 ar sriana 7 ar sadli. Dlegmait de ar foirithin im aiged*ach*i na haidchi.'

2. Lo*tar* na slóigh iarsin corfachta*tar* an faighthi 7 sendait na cornairi a c*u*rnu 7 na stocairi a stucu *for* du*ae* na faigthi 7 ni raibe *for* a cind isin baili *ach*t mad Gulide 7 a *i*nge*n* nama. Ocus ba senoir crinliath Guli*de* in tan sin, ar ba*tar* slána a *s*ech*t* fich*it* bl*ia*da*n*.

3. Is amla*i*d immorro bái Gulide, co m-ba læch ar læchd*ach*t 7 ar engn*u*m 7 co m-ba feinnid ar feinnid*ech*t 7 ba mílid ar militacht 7 ba brug*ai*d ar brugamn*us* 7 ba cainti ar caintecht .i. ar geri 7 gorti 7 amainsi. Is de sin rogiguil Guli*de* Cánti de.

4. Atracht súas Guli*de* iarsin 7 dorat a ulind fo*i* 7 rodec*u*rtar imme 7 ni faca acht mad sé 7 a ing*in* namá isin tigh. 'Maith *tra*, a ingen,' ar Guli*de*, 'eirg amach 7 fég lat cóich inna cornairi si 7 na stocaire 7 cía ríasa sendat.'

5. Atracht suás ind inge*n* iarsin 7 luid amach. Dorinntói *for* cula isin tech 7 asb*er*t: 'Sloig móra sunn,' ar si. 'Is doig lem is é Feidlimid mac Crimth*ain* co maithib fer Muman imme.' 'Maith, a inge*n*,' ar Guli*de*, 'eirc immach cosna si- [fo. 115a, 1] ógaibh 7 déna segant*us* br*i*athar friu d*us* in sechendais dún ind

[1] neith MS.

oighthi.' Atracht suas ind ingen ár sin 7 gabais a timtocht impe .i. brat corcra 7 lene srebnaide sída fria gelchnes 7 minesc dergoir inna brut.

6. Luid coriacht na slógu 7 asbert : 'Fo dia, a Feidlimid, cot slogaib archena ! Acht is muiredaig caich a menduta. Is meisech caich co hadair, *acht* ni do fogain do flaithemnas immut namá. 'Ar ind inb*aid* is ferr cetaraba G*ulide* ríam, nírba ró dó airúacra treisi nó cóicthi nó dec[h]maidi no mís no raithi no bli*adna* remut-sa ar méd do tarscuir 7 ar lín do daine. Olc ind inb*aid* tancab*air*. Is tregdaigt[h]i in gæth. It salcha na herdrochait. It malla na ferthigisi. It ain*m*echa na cúite. Sraitslige sochaide sund dogr*és*. Cerdcha gaband and. Cainti chonaire. Is cell f*or* dib n-imairib. Is Ard Macha ar gnathchi. Is fer¹ bó ænmachaidh, is geilt ængeóid, is milide oenbeich. Tuargabtha ar n-æla, ni tarlaicthi ár Ionide. Roscáichetar² ar seinbíd, ni tanc*atar* ar nuabíd. Olc ind inb*aid* tancab*air*, ind inb*aid* rand*us* in tsentond a tortin frisind ingin. Ard bót fiaich ocaind, fseal bot *con*. Blichta srona ár m-ban. Englasa inar lilach*aib* iar n-dísca inar n-gamnach*aib*. Ar mna asiul, ar m-bæ ansiul. Tuarath lia in [fo. 115 a, 2] ar n-áthandaib, tart inar muill*ib*, ascolt inar *con*aib, aithgera ar cait. Imda loch*aid* lefre luatha leochailli lind. Leghait lebenna liathcrúaidi cotata i n-diaid oidchi uárfota.

7. Acht ata ni and chena,' ar ind ingen. 'Ni missi bís ac agall*aim* degdaine sund dogr*és*. Cuil 7 Gaeloc 7 Grech tres fíliæ Gul*idi*. Gendud 7 Slipr*ed* 7 Lorgad tr*í* doirrseoire Gul*idi*. Dia m-bad í mo sindser siur nobeith and, atethad ní noraidfed rib-se. Mad meisi im*morro*, ni heol d*am* erchoitmead.'

8. 'Fortgillim eim,' ar Feidlimid, ' dia m-[b]ad hí nobeith and, nofuicfimis-ni an mír o Luachair sfar lea. *Ocus* osa t*us*su fil and, fuicfimit let et*ir* Droing 7 Loch Leín.'

9. 'Maith tra, a m*ic* Cr*im*thain,' ar ind ingen. 'Lud-sa adaigh ar aidhoighecht 7 nirbo rígda ind aidhoighec*ht* tuc*ad* dam.' 'Cid tuc*ad* dit?' ar Feidlimid. 'Ni ansa,' ar an ingen, '.i. in cethramad rand cethrachat loirgi legtha liraighi do airbiuch cliu gamna scamche, la cutr*uma* ger*m*ine do lomasna lomartha, la selche salli seingbline, la tana táib na blinmuici, la ceithri scr*i*bline scremloiscthi do choirci iarmair airthir ichtair tuaiscirt athguirt lena f*ri*sna roben gæth 7 frisna rotaitin gr*i*an, notgabtais riasfu nod*us*geibthe, m*en*aigtis riasiu nod*us* m*en*aigthe, la cudr*um*a ceith*ri* scfath feitlican do gallurad gallgruitni iarna lomantarrai*ng* [fo. 115 b, 1] tré cruáidbeól senballafn. Metrén foch*æ*l fo[r]lethan a hind ferna fodluighthe a fotha fchtair drochais, fr*i*thirt a huáchtar, athirt a hfchtar, fas faulom a medón. Acht bá don as glas galraiges bai f*or* ladargair in ichtair tuaiscirt in muide iarna malcad-maistred f*or* mogadaib moglatrand im-merlaithib errchaidib. Ac*ht* bá don cétas inna cétbó cetnacom*rainic* ind inis inna cuicne maiten moch indé. Ni bá hed son dúib-si dob*er*thar aigedhac*ht* na haidhchi-si isind fescor

¹ leg. fér. ² roscaithetar MS.

i tancaba*ir* .i. fliuchc*æ*n*i*na duib co bun cluás, tigi lethno*ch*/a, aran lethtirim, lestair lethlána, colpdai lethloma.'

10. A*t*racht ind ingen suas iarsin 7 gabais laim Feidhlimidh lea inna tech. Bai Feidlimidh and t*ri'* lá 7 teora aidhchi 7 ni fuair día rígi nach día flaithes a oired ba ferr dó ar bánbiudh, 7 forfacaib Feidhlimidh bend*ach*/ain. Finit.

THE EXCUSE OF GULIDE'S DAUGHTER THIS.

[*Translation.*]

1. There was a king who took Munster, to wit, Fedlimid son of Crimthan. Once upon a time he went on a visitation of Munster and fared westward into West Munster, till he reached 'Ath Lóche. It was there was the stead of Gulide, the sharpest and bitterest and keenest lampooner that was in Ireland in his time. Now, in the hard time¹ of spring the hosts went westward. Great snow fell on them, so that the hosts were unable to proceed. That was no wonder, for the snow reached up to men's knees. Fedlimid asked of the guides: 'Who is nearest to us here?' saith he. 'We do not know indeed,' said they, 'unless it be Gulide of 'Ath Lóche, thy own friend.' 'Truly I declare,' saith Fedlimid, 'if it is he that is here, he is biting² and sharp and bitter and is fierce, furious, keen-worded, creditor-like. He is ready³ to ask anything of anybody, and he himself is not good at giving. But still,' saith Fedlimid, 'though he be not liberal to warriors, though he be not bountiful in bestowing, though he be not kind in giving, be is under obligations to us. He has accepted our gold and our silver and our goblets, he has accepted our horses and our bridles and our saddles. Hence we deserve to be helped in hospitality for the night.'

2. The hosts then went on until they reached the green, and the hornblowers sound their horns, and the trumpeters their trumpets on the rampart of the green. And there was no one before them in the stead save only Gulide and his daughter. And Gulide at that time was a withered grey old man, for his seven score years were complete.

3. Thus however had Gulide been, he had been a warrior in warriorship and in prowess, and a champion in championship, and a soldier in soldiership, and a landholder for the land he held, and a satirist for satire, even for sharpness and bitterness and acrimony. Hence (the name) Gulide the Satirist clave to him.

4. Then Gulide arose and resting on his elbow⁴ looked around him, and saw

¹ dulig = dolig, Wind. ba-so *š*ulig midchuarta, ba-*š*am dulig irgaile, LL. 343 d. Superl. dulginm, LL. 61 b, 42.
² lit. beaked.   ³ lit. it is near to him.   ⁴ lit. put his elbow under him.

no one in the house save only himself and his daughter. 'Well now, daughter,' saith Gulide, ' go out and see who are these hornblowers and trumpeters, and who is he before whom they sound.'

5. Then the daughter rose up and went out. She returned into the house and said: 'Here are great hosts,' saith she. 'It seems to me it is Fedlimid son of Crimthan with the nobles of the men of Munster around him.' 'Well, daughter,' saith Gulide, ' go out to the hosts and make brave words to them to see whether they will pass us by to-night.' Then the daughter rose up and took her dress round her, to wit, a purple cloak, and a finespun smock of silk next her white skin, and a small brooch of red gold in her cloak.

6. She went till she reached the hosts and said: 'Hail, O Fedlimid, with thy hosts as well! But every one is master of his place [1], every one is ..., but thy princedom has not served ... For at the time when things went best with Gulide before, it was not too much for him to send an invitation to thee for three days or five or ten, or a month or a quarter or a year, however great thy retinue and however numerous thy men. Ye have come at a bad time. The wind is piercing. The front-bridges are miry. The stewards are slow. The ... are ... This is always a high-road for many. Here are forges of smiths, lampooners of the road. It is a church on two ridges. It is as frequented as Armagh. It is grass for a cow of one field, it is a pasture for one goose, it is a honey-ground for one bee. Our fleshforks are raised, our churn-dashes [2] have not been lowered. Our old food is gone, our new food has not come. Ye have come at a bad time, the time when the old hag shares her cakelet with the girl. The raven's tail [3] stands high with us, the hound's low. The noses of our women are strained. There is water in our milchcows after our heifers have run dry [4]. Our women are pregnant, our kine barren. There is great dryness [5] in our kilns, drought in our mills, dearth in our hounds, our cats are keen and greedy. We have many eager quick ... mice. The grey hard stiff benches are rotten after a long cold night.

7. 'But still there is one thing,' saith the girl. 'It is not I who am here always to address gentle folk. Cuil and Gaeloc and Grech [6] are the three daughters of Gulide. Gendud and Slipred and Lorgad [7] are Gulide's three doorkeepers. If it were my elder sister that were here, she would get whatever [8] she would say to you. But as it is I, I am not skilled at an excuse.'

[1] Cf. muiredach cecha mennata .i. ni tibri nech tigernus di araili, Harl. 5280, fo. 41 b; and see O'Cl. s.v. muireadhach.
[2] See loinid, O'R.   [3] bot tail. dat. ar but, LU. 98 b, 14.
[4] disca, from disc barren, dry, not giving milk, O'R. co n-dechaid a n-disca, Laws, II. 126-7.
[5] tuarath = turud, Wind.   [6] i.e. Fly, Smasher and Scream.
[7] i.e. Wedging (gendud, from geinn a wedge), Caning (slipred), and Cudgelling (lorgad).
[8] lit. something.

APPENDIX.

8. 'Truly, I declare,' saith Fedlimid, 'if she were here, we should leave the bit (of land) from Luachair east with her. And as thou art here, we will let thee have the land between Drong[1] and Loch Léin[2].'

9. 'Well now, son of Crimthan,' saith the maiden. 'I went one night for hospitality, and the hospitality that was given me was not kingly.' 'What was given thee?' saith Fedlimid. 'Not hard to tell,' saith the maiden, 'to wit, the forty-fourth part of a rotten jaundiced[3] haunch of the left front-part[4] of a mangy[5] calf, with an equal portion of a belt[6] of a bare stripped rib, with a snail[7] of thin lean bacon, with the thin side of a lean[8] pig, with four nasty[9] burnt little scruples[10] of oats left[11] in the low bitter north-east (corner) of a field on which wind never blew nor sun ever shone, which they reaped before it would be reaped and crushed before it would be crushed, with an equal portion of four ... of Norse curds after they had been strained through the hard mouth of an old vessel. A little measure, narrow below and wide above, of the top of split alder-wood, its undermost bottom of bad milk, its upper part ..., its lower part ..., its middle empty and vacant. But it was of the blueish sickening milk, that was on the ... of the lowest back-part of the churn, after having been churned to putrefaction[12] by pilfering servants in the mad days of spring. But it was of the first milk of the first cow that first came to the milking-place[13] of the kitchen-yard in the early morning the day before. This is not the hospitality that shall be given you on the night that ye have come, namely wet ... for you to the root of your ears, houses half-bare, bread half-dry, cups half-full, beds half-empty.'

10. After that the girl arose and took the hand of Fedlimid (and led him) into the house. There Fedlimid was three days and three nights and he had not in his kingship nor in his princely reign a time in which he fared better as regards white-meat. And Fedlimid left his blessing. Finit.

---

[1] Now Drung Hill, barony of Iveragh, co. Kerry.
[2] The lower lake of Killarney.   [3] lírach, from lír gl. colera rubea, Bed. Carol. 35 a, 2.
[4] airbech, dat. sg. airbiuch?
[5] scamach adj. Cf. sgamh *dross, dust*; sgamhan *refuse, dross, an appellation of supreme contempt*, Highl.
[6] gemine = gelmín *a girdle, girth*, O'R.
[7] selche or sailche, Amra Col. muirselche *sea-snail*, Tochm. Em. seilcheóg *a little snail*, P. O'C.
[8] blin *lean*. Cf. blian *lean, starved, wanting flesh*, Highl.
[9] screm. Cf. sgreamh m. *a loathing abhorrence, disgust*, Highl.
[10] scriblín, dimin. of screbul *scruple*.   [11] Cf. iarmair *remnant, remainder*, O'R.
[12] malcad-maistred. Cf. malcadh *to rot, putrefy, become putrid; cause to rot*, Highl.
[13] inis f., see Stokes, *Lives*, s.v. indis. gen. sg. cacha indse, LU. 86 b, 22. nom. pl. indesai lána, Harl. 5280, fo. 41 b.

P. xxxiii.—fo. 115 b, 1.

THE DEATH OF THE THREE SONS OF DIARMAIT MAC CERRBEÓIL (OR CERBAILL),

KING OF IRELAND A. D. 538-558.

The same tale is found in Rawl. B. 502, fo. 73 b and 74 b. Cf. also the Félire, p. lxxxviii.

1. [L]otar[1] meic Díarmata mic Fergusa Ceirrbeóil fecht i tír Laigen for creich, cotarraid[2] Mælodran mac Dima Croín. Dofarrt[h]atar mic Díarmata fair, uáir ropa dia cois robái, ár ni tárraid a gabair o Deóraid .i. o gillai. Luid sen dono for a gabair día tár[r]achtain-sium. Rorith an gabair fon slúag corubad in gilla. Rosceind in gabar fo gairm Mælodrain, conuargaib a tæb fris iar fágbail an gillai. Gaibthe iarum Mælodran for a gabair 7 roscúmaisc for in slúagh 7 dobeir [fo. 115 b, 2] tofand foraib. Roreithetar mic Diarmata reimhe dochum muilind conndechatar combátar im charr an moil isind fothaig.

2. Luid iarum cuccai iarsind [f]othaig. Bái caillech andsin ic bleith in muilind. Atroi a n-guin la tascad in muil. 'Léic airi, a chaillech!' ar Mælodran. Dos-

---

Rawl. B. 502, fo. 73 b, 2. Orgguin tri mac Diarmata mic Cerbaill la Mælodran i fothauch muilinn mic Dimmae. Dolotar tri meic Diarmata meic Cerbaill .i. Dunchad et Chonall 7 Mælodur cor fechtas hi crich Lagen for creich, conostarraid Mælodran húa Dimmæ Chroin. Dosfucsat meicc Diarmata co dichra 'na dochumm corongegnatar, uair is dia chois a m-bui. Ar ni arraid a gabair o Deoraid .i. o dee arad .i. o fiur glomair. Et luid side for in n-gabair dia thorachtain-seom. Ruithis co rot in gabair fon sluag, cororubad in gilla ann. Fosceinn in gabuir fo gairm Mælodrain iar facbáil a harad conidrogab a toeb fris. Gaibthi iarum Mælodran for a gabair conidnammasc for in sluag 7 dobeir thaphunn foraib, corosfodail hi scail. Raithset tri meic Diarmata co fothach muilind micDimmæ condeochatar combatar im chairr in moil 'sind fothaich.

2. Doluid chucco Mælodran ar in fothach. Sentain hic bleith isin muiliunn. Atroe a n-geguin la toescaich in moil. 'Leic aire, leic aire, a sentain!' ar

[1] Altered into batar by a late hand.   [2] cotarraig MS.

commart *tra* uman mol, ar bá*tar* oca ind ír, co torcratar leis tri mic ríg Er*enn*, día n-ebairt :

A muilind,
romeilt arba do tuirinn,
ni ba comailt *for* serblind
doromeilt *for* uib C*er*bhaill.

An gr*an* meiles in muilend,
ni corca, *acht* is d*er*gt[h]uirend,
ba do géscaib in.c[h]r*oi*nn máir
fotha muil*ind* Mailodr*d*in.

3. Luid do*no* Díar*mait* do dígail a mac *for* Laigniu co m-bái ic Loch Gobar co feraib Er*enn* immi. Et atb*ert* co tibred slán do Laignib ar tidnacal Mailodr*d*in dó i n-giall cerdai. Asbertat*ar* imm*orro* Laighin na tidnaicfitíss gé nomarbdaís uili. Nobith-som im*morro* oca m-brostad día tidhnacu*l*. 'Ragat-sa m' *é*nar,' ar eisim, '*ocus* ni ba slán duib-si.' Ba fír són. Luid-sium co m-bái forsan sl*v*ag for brú Indsi Gaba*r*. Lot*ar* na ríg do sainól co m-bata*r* isind indsi. Anaidh-som co haidhchi f*or*san p*ur*t. Antair do*n* imrom. Telt-som isind lestar. Luid isin indsi. C*on*tolat ind ríg. Bái-seom *for* dorus ind right[h]aigi.

4. Luid-sium *tra* .i. Díarmait amach a óenar cen fis do neoch do dul do fill*id*

Mælodra*n*. Roscommarta 'moan mol *tri* me*i*c ríg Her*enn*. Und*e* Ultan cec*init* : A muilind, Romelt anbba di thuirind ; Ropo chommeilt for serblind In romeilt *for* huib Cerbaill. In gran meles in muilenn, Ni corcca, acht is dergthuirenn, Ba do gescaib in chraind [máir] Fotha muilind Mælodrain. Asberat araile is a do tan*tum* romachtad ann .i. Conall 7 Dunchad.

Rawl. B. 502, fo. 47 b, 2. Doluid Diarmait m*ac* Cerbaill fecht n-aile do digail a macc *for* Laign*iu*, co m-bæ hic Loch Gabur co feraib Herenn imme. Oc*us* asb*ert* dob*er*ad slan *fri* Laign*iu* ar Mælodran do thidnaccal do hi n-giall cherddæ. Asbertsat Lagin am*ail* bid o oengin na tidnastais Mælo*dran* cia nosmarbtais huile. Nobid Mælodran ic¹ a m-brostud immoa thidnaccol. 'Menumthucaid-se im*morro*,' ar se, 'regat-sa m'oenur 7 ni ba slan duib-se dim chind-sa.' Ba fir on. Luid-seom co m-bæ 'sin t-sluagud *for* bru Locha Gabur. Lotar ind rig do ol, co m-batar isind indsi. Anaid-sium chaidchi forsin phurt. Antair da*no* dond imram. Telt-seom isin lestar 7 luid isin n-inse. Contolat ind rig. Bui-seom *fri* dorus ind rigthige.

4. Doluid da*no* Diarm*ait* immach a oenur cen fis di neoch do dul *for* aínsuide.

¹ cii MS.

a glún, co comráinic fri Mælodrán a n-dorus in tighi. 'Tuc dlái dam lat,' ol Diarmait. 'Tó immorro,' ol Mǽlodrán. Dobeir lán a duirn do nenaid¹ dó. 'Acso mo cloideb,' ol Diarmait. Rosgab Mælodrán. 'Fe amai, romloisced ! Cía th' ainm-si?' ol Diarmait. [fo. 116 a, 1] 'In 'com comaigthes atái?' ol seiseom. 'Mælodran mac Dima Croín sund iar marbad do mac 7 do beim do c[h]ind dít anosa,' lá gabáil a chinn cucai. 'T'ogréir, a Mælodraín!' or Diarmait. 'Do ríar-sa dono uaim-si,' or Mǽlodrán. Tíagait isin teg a n-dís. 'Tair-siu etrum-sa 7 crand, a Mælodráin.'

5. Amail atcuáidh Mælodrán isind imdaid² rogéis brú ina mná .i. Mumain ingen C[h]oncraidh mic Duách máthair c[h]lainni Díarmata. 'Fé amai,' or in ben, 'cia hirchóit dodechaid isind imdaid²?' 'Fer dorat rígnacht Erenn duit-siu, a ben,' ar Diarmait, '.i. Mælodrán mac Dima Croín.' 'Maith ém,' ol in ben, 'is deglæch frisrogeogain roanacht. Rombía-som dono lóg ind anacail, ar is ferr oldás a guin.' 'Cid dogéntar de sund?' ar Diarmait. 'Ni roainsium in fer ar in slúag.' 'Ni ansa,' or in ben. 'Congairter chucainn na ríg do sainol 7 naiscther a fæsom for cech ríg ar vair.'

Co comfarnaic fri Mælodrán i n-dorus in tige. 'Tobuing dlai dam,' ar Diarmait. 'To immorro,' ar Mælodrán. Dobuing teora dlaithi do .i. dlai do hurnenaid, dlai di omthund, dlai do athrathaid luaid. 'Aso mo chlaideb it laim,' ar Diarmait. Rongab Mælodran. 'Fe friut, a gillai!' ar Diarmait. 'Romguin dlai, romthesc dlai, romloisc dlai. Amæ a gillæ, cia t'ainm-siu?' 'Nimragbais fri baithis samlaid intan ninadaithgen mo ainm. Nó in fil ainm aile inarithe lat dam? Mælodrán sunn hua Dimmæ Chroin di Scorpraige Lagen iar marbad do thri mac 7 do beim do chind dít fessin indorsa,' la gabail a chind chucai. 'Do ríar duit, a Mælodráin,' ar Diarmait. 'Do ríar uaim-se duit-siu dano,' ar Mælodrán. Tiagait dís línaib iar corai 'sin tech. 'Tair-siu etrum-sa 7 chrann, a Mælodráin,' ar Diarmait.

5. Amail dochuaid Mælodrán isin n-imdaid, rogeissi a bru na mna .i. Mugain [in]gen Chonchraid mic Duach máthair clainni Diarmata. 'Fe amæ,' ar in ben, 'cid aurchoit dothaet isin n-imdaid?' 'Fer dorat rígnacht Herenn duit-siu, a ben,' ar Diarmait, 'Mælodrán húa Dimai Chroin.' 'Is buaid læch, is fo in fer atacualamar,' ar in ben. 'Is coir gnim do na rotgegna i m-bægul 7 amal rotanacht. Rombia-som a log ind anaccuil sin, ar is ferr do anda mo gegain-se.' 'Cid dogenam di sunn?' ar Diarmait, 'daig ni choemsem a anaccol Mælodráin ar in slog.' 'Ni ansa,' ar sisi. 'Celtair Mælodrán. Congairter iarum chucunn ar ríg 7 ar ruirig ar oenaib. Ocus fonascar foisam Mælodrain forthu, amal bad cucunn nodalad.'

¹ nenaigh MS. ² imdaig MS.

APPENDIX. 73

6. Dogn*ither* ón, co m-bátar al-láma uili tairis riaslu ropa matan. Is amla*id* iar*um* dochóid-sium (.i. co Laigniu) 7 deichelt Diarmata uime co*na* delg 7 a dá gabhair co*na* n-allaib óir friu. Oc*us* ba cathmfli*d* do Díar*maid* on uair sin imach Mælodrán. Aided[1] tri mac n-Diarmata corici sin. Finit.

---

6. Dognither, co m-batar al-lama huili fris riasu matain beth. Is amlaid da*no* dochoid-sium co Laig*niu* arabárach[2] 7 delge 7 deche[l]t Diarmata lais 7 a di gabair cona n-allaib 7 cona mullannaib oir. Cor im*morro* 7 foisam rig Her*enn* .i. Diarmata m*i*c Cerba*ill* for M*œlodran* iarsuidiu. Oc*us* ba se cathmil*id* 7 tuaircnid catha Diarmata o sun[n] immach. Finit. Am*en*. Finit.

THE TRAGICAL DEATH OF DIARMAIT'S THREE SONS.

[*Translation.*]

1. The sons of Diarmait son of Fergus Wrymouth, Dunchad, Conall and Maelodor, went once on a foray into the land of Leinster, where they chanced upon Maelodrán son of Dimma Crón. The sons of Diarmait overtook him, for he was on foot, and could not get his horse from Deoraid, his gillie (his bridleman, R. 502), who went however on the horse to his help. The horse ran (too far, R. 502) among the host, and the gillie was slain. At the cry of Maelodrán the horse started and raised his side to him, after leaving the gillie behind. Thereupon Maelodrán got on his horse, and mingled with the host and chased them. The sons of Diarmait ran before him towards a mill, and went and were about the *carr* of the millshaft in the millpool.

2. Then he went up to them along the millpool. There was an old woman there grinding in the mill. It occurred to him to kill them through the pressure of the shaft. 'Let it go, thou hag!' saith Maelodrán. They were crushed round the shaft, for the men were young, so that the three sons of the king of Ireland fell by him. Hence Ultan sang:

> O mill
> That hast ground corn of wheat,
> This was not a grinding of oats (?)—
> Thou groundest on Cerball's grandsons.
>
> The grain the mill grindeth
> Is not oats, but it is red wheat:
> Of the branches of the great tree was
> The feed of Mael-odrán's mill.

[1] adhaigh MS. [2] arabaibarach MS.

APPENDIX.

3. Then Diarmait went to avenge his sons on the men of Leinster, and was at Loch Gabar[1] with the men of Ireland around him. And he said he would give freedom to the men of Leinster for delivering Maelodrán to him as a hostage. However, the men of Leinster said as it were with one mouth they would not deliver him up though they should all be killed. But Maelodrán himself was urging them to deliver him up. 'I will go alone,' saith he, 'and there shall be no freedom for you.' So it was done. He went till he came up with the host on the brink of the isle of Gabar. The kings had gone to a feast, and were on the island. Until night he waited at the port. They cease rowing (to and fro). He went into the boat, and came to the island. The kings are asleep. He stayed at the door of the royal house.

4. Then Diarmait went out alone, without the knowledge of any one, to go and bend his knees (to sit alone, R. 502). And before the house he met with Maelodrán. 'Bring (break, R. 502) me a wisp!' saith Diarmait. 'Indeed I will,' saith Maelodrán. He brings him a handful of nettles[2]. 'Here is my sword,' saith Diarmait. Maelodrán took it. 'Woe is me! I have been burnt[3]! What is thy name?' saith Diarmait. 'Art thou making a stranger of me[4]?' saith he. 'Here is Maelodrán son of Dimma Crón (of the Scorpraige of Leinster, R. 502), who has slain thy sons and who will strike off thy head now,' seizing his head and dragging it towards him. 'Thy full will, O Maelodrán!' saith Diarmait. 'And from me thy own will!' saith Maelodrán. (After having made peace, R. 502) they both go into the house. 'Come between me and the wood, Maelodrán.'

5. As Maelodrán was entering the chamber, the womb of the woman Mumain, daughter of Cúcraid son of Dúach, the mother of Diarmait's children, gave forth a groan. 'Woe is me!' saith the woman. 'What bane has come into the chamber?' 'He who has given thee the queenship of Ireland, woman,' saith Diarmait, 'even Maelodrán son of Dimma Crón.' 'Good indeed,' saith the woman, 'he is a good warrior; whom he wounded he has saved[5]. He shall have his reward for sparing thee, for it is better than to slay him.' 'What shall be done about this?' saith Diarmait. 'We shall not save the man from the host.' 'Not

---

[1] Lough Gower or Logore near Dunshaughlin, co. Meath. The lake is now entirely dried up. O'Don.

[2] He broke three wisps for him, a wisp of fresh nettles, a wisp of thistle, a wisp of . . . , R. 502. *omthann* 'thistle,' now *fobhthan*, gen. *amail finn n-omthainn*, Rawl. B. 512, fo. 44 a, 1.

[3] 'Woe to thee, lad! A wisp has wounded me, a wisp has cut me, a wisp has burnt me.' R. 502.

[4] 'Thou hast not then held me at baptism since thou dost not know my name. Or hast thou another name ready for me?' R. 502. For *comaigthes*, see Stokes, *Lives*, Ind., and see below, p. 94, § 2.

[5] 'He is the flower of warriors, he is good, we have heard of him,' saith the woman, R. 502.

hard to tell,' saith the woman. 'Let the kings be called to us to a special drink¹, and let each king in turn be pledged to protect him².'

6. This is done, so that the (pledged) hands of all of them were upon him before it was morning. Thus then he went back to the men of Leinster, with the dress of Diarmait about him with its brooch; and his two steeds with their bridles (and with their frontlets, R. 502) of gold. And from that hour forth Maelodrán was soldier in battle (and battle-striker, R. 502) to Diarmait.

So far the Tragical Death of Diarmait's three sons.

¹ *sain-ól*, see Alsl. MeleCongl. Ind. s.v.
² 'Let M. be hidden. Then let us call our kings and princes singly to us, and let them be bound to protect M., as it were to us the pledge were made.' R. 502.

Ib.—fo. 116 a, 1.

THE STORY OF THE DEATH OF MAELODRÁN MAC (OR HÚA) DIMMA CHRÓIN.

Also found in Rawl. B. 502, fo. 47 b 1.

1. [L]oech amnas robái do Dáil Mosscorp Laigen .i. Mælodrán mac Dima Cróin. Is dó-som rochet :

Ni tæt de
in cocad fri hOsraige
cen Mac Connaid for ech án,
cen Marcan, cean Mælodrán.

Ocus :

Mælodran mac Dima Cróin
robith in fer is[ind] móin,
turid na c[h]olainn aili
niconruba ænguine.

2. Comaithbig dó-som hi Máil. Bá holc didiu a chomaigthes friu. Is dó rochet:

Huí Máil,
tricha chét ba hed a lín,
nochanfarcaib Mælodrán
achí tri nónburu d[i]bh.

Samail lem-sa huí Máil
ocus muilend oc bleith grain,
fálte huí Mail fria n-guin,
is cóir gach bró frí tuargain.

Rawl. B. 502, fo. 47 b 1. 1. Læch robatar do Laignib .i. Mac Connaid 7 Marccan 7 Mælodran. Is de rochet: Ni thæt didiu de In cocad fri hOssairge, Cen Mac Connaid for eoch an, Cen Marccan, cen Maelodran. Mælodran húa Dimmæ Chroin Robi in fer isi moin, Tuirid na cholaind aile Niconrubæ oenguine.
2. Comaithig immorro do Mælodran hui Mail, ocus ba holc immorro a chomaithcess doib. Is de rochet: Hui Mail, Tricha cet ba sed a lin, Noconfargaib Mælodran Acht tri nonburu dib. Anasrubart fodessin : 'Is cumma lim-sa huí Mail Ocus muilenn oc blith grain, It failte hui Mail fria n-guin, Is coir cach bro fria

APPENDIX. 77

3. Aithechda rí h*úa* Máil. Dofuc-som di*diu* ingen Aithechda. Luid sein for fecht do t[h]ig a hath*ar*. Dob*er*t a hath*air* fuirri bra*th* a fir .i. Mælodr*án* dóib. 'Maith,' ar in ben, 'anocht atá mo dál-sa fris. Atát tr*í* húarbotha lais 7 nochan*f*et*ur*-sa cía dib i m-bia anocht. Rofetur-sa anas maith dáibh,' ar sí. 'Tucthar libh lán mo c[h]lera-sa do t[h]einid sinnaig, co n-érbar-sa is édach fil and. Bíat-sa ina [inan MS.] diaídh 7 roindfet in teinid im' diáid. Taít-si form' slicht.'
4. Ba fír son. Tíagait co m-bát*ar* immon uárboith. *Con*gairet fair. 'Totairchill, a Mail*odráin* !' 'Doig,' ar sé. 'Ná marba*id* bar siair. Nosléicebh chucaib.' 'Fochen di,' ar ind oíc. Lasain lom[r]aid a cendchongraim din mnái 7 dob*eir* a cendchong*r*aim na mna fá c[h]enn ocus luid sec[h]a. 'Robarbia imned' or seisium, 'ifechtsa.' D*us*fóbair farom, corolá a n-ár. Dogní di*diu* Aithech*da* córai fris-sium.
5. Fecht ann bai-sium oc fothracad hi tig Aith*ech*d*a*. Bai for a menmandaib iar*um* a marba*d*. Ni bai Dubchron and, a gillai. Dalleíci fer dib oighen lán do grisaig imma chend-som. Notcl*an*na Aith*eg*da in gai [fo. 116 b, 1] trít .i. a gai felain .i. carr Mælodr*áin*, co m-bái tr*í*d, *con*[d]aromharbsat amlaid. Benait a chend de. Doberar for a dérgud 7 a brat tar a chend. Tic Dubchron for a gabair-sium. 'Taurblaing, a Dubchroin !' 'Cade Mælodr*án* ?' 'Ata ina tuarcain.' 3. Athechda ri hua Mail im*morro*. Contubert Mælodran a ingin. Luid si di*diu* fecht do thig a [h]athar, do chomfis am-mathar bæ i n-galur. Roaslacht a bathair fuirri-se braibtecosc a fir do. 'Maith,' ar ben, 'fil mo dail-se fris innocht. A*cht* ataat teora huarbotha lais. Oc*us* ni fetar-sa ciasu adba dib i fífa innocht. A*cht* rofetar-sa anas maith duib. Tucthar lib lan mo chlera-sa do thenid sinnaig, ocus atb*er*-sa is e m'étach-sa fil ann. Oc*us* biat-sa ina diaid et laifet-sa in tenid im' diaid 7 toit-si iarmo slicht.' 4. Ba fir on. Tiagait co m-batar immun n-uarboith. Congairet fair. 'Innatfail tall, a Mælodrain ?' 'Cosmail mo bith,' ar Mælodran. 'Oc*us* na marbaid *for* siair. Nosleicid [leg. léiciub] chucaib.' 'Mochen di,' ar ind oic. La sodain lomraid a chenncboñg*r*aim nam-mna 7 dobeir immo chenn fesin 7 luid secco samlaid. 'Robartaissi imned,' ar eisseom, 'ifechtsa lim-sa. Mo ben-sa 7 *for* n-ingen fein romarbsaid.' Oc*us* rosfuabair corola a n-ar in tan sin. Dogni iar*um* Mælodran 7 Aithechda corai diblinaib. 5. Fecht ann b*e* Mælodran ic fothrucud hi tich Aithechdai. Oc*us* bæ *for* me*n*main dos*i*de a marbad-som. Ni bæ da*no* Dubchron gilla Mælodrain ann in tan sin. Muslec fer dib aigen lain gr*i*scha moa fuili 7 moa aigid 7 clannaid Athechda a gæ fodessin ind .i. in Charr Mailodrain, co m-bai triit, *con*arromarbsat samlaid. Benait iarom a chenn de 7 dob*er*ar he for a dergud 7 bratt dar a chenn. Dorooig Dubchron for Dubglais .i. for a gabair-seom. 'Tairliñ, a Dubchroin,' ar cach. 'Nitho,' ar

chotlud. Stata ! nachand*iu*saig. Tair isin tech.' 'Ni doig lem cotlad dó, mina beinn-si oc á fairi. Gataidh an brat dia aghaid.' Gattair de. 'Fír ón,' ar Dubchrón.

'Deithb*ir* don ag*aid* cid bán
con*r*ánic fri fæbardán,
immarulaid ilar lam,
in cend fil for Mælodr*án*.'
La sodain luid uádaib.

6. Dob*er*t iar*um* Aith*ech*da a mnái-sium Mælodr*ain*. Al-laa sin a cind blia*dna* bai Aith*ech*da for a dergud. Robai oc déscain na Cairre .i. carr Bel*aig* Durgin. Is í romarb in t*ri*chait m-buden. Nobíd isin tálig*id* ocus gabal fóa bragait 7 ce*ch* oén ná fácba*d* ni lee, nolinged fothib co-cuired a n-ár.

7. Bái Aith*ech*da did*iu* oc déscin na Cairri. 'Bl*ia*dan lán ó romarbus Mælodrán icon cairr ucut,' ar sé. 'Fe amai,' ar an ben, 'ni má-tæt fort beolu. Uáir dia n-dígla*d* nech íar n-écaib, bid he Mælodrán bud docha.' La sodain conacatar iarsind urdrochat. 'Is eisium,' ar an ben. Atraig Aith*ech*da dochum an gai. Luaithiu con*r*áinic Mælodrán, condotarat tria Aith*ech*da, co m-bo marb de. Oc dul dó immach is and asb*er*t :

'Imlech Ech
immá reithmis ar cech leth,
ge romáidi nech ronbí,
ni ba dú a Aithechdai.'

Dubchron. 'Cate Mælodran ?' 'Ata inna chotlud. Sit sit, arnachandusca ! Tairliṅg 7 tair 'sin tech.' 'Ni doig limm a chotlud ach*t* ma beind-se 'coa aire. Gataid in ṁ-bratt dia aigid,' ar se. Gattair de. 'Fir, a Mælodr*áin*,' ar se. *Ocus dixit*: 'Deithbir dond aigid cid ban, Condranic fr*i* fæburdan, Immusroluaid ilar lam, In cenn fail for Mælodran.' 6. Dob*er*t Aith*ech*da a mnai-seom, ar ni ba hi hingen Ath*ech*dai ba ben do Mælodran intan romarbad. Al-la sin hi cind blia*dna* bae Athech*da* for a dergud 7 robæ ic descin na cairre ar a halchaill .i. in charr Belaig Duirgen. Is i nomarbad in trichait ṁ-buiden dia figran 7 dia aureil 7 dia liugu co lar .i. nobid isin táligid 7 gabul fo braigit. Nach oen arthiagdais secce meni facbaitis ni lee, nosluaded demun 7 nolinged foitheib co cuired a n-ar. 7. Bæ Aithech*da* dan*o* 'coa deiscin na cairri. 'Bliad*an* lan cosin laithe se ó romarb*us*-[s]a Mælodr*án* diit, a charr ucut !' 'Fe am*æ*,' ar in ben, 'ni mut*æ*t ar do beolu. Dia n-diglad nech iarna ecaib meite co m-bad Mælodrán bad dochom [sic] do i n-Herind.' La sodain commofaccatar Mælodr*án* iarsind aurdrochut ina n-dochum. 'Is seseom son,' ar in ben. Atraig Aith*ech*da dochum in gæ. Luaithiu ardoscomsiacht Mælodrán, conostarat tria Aith*ech*da conidromarb de. Ic dul do

Roadbn*acht*-som did*iu* a n-Glinn Dá Locha, [fo. 116 b, a] día n-ébrad:

> Ligi Mælodh*ráin* isligi [leg. is glé]
> a n-glinn fri gaithe cluaa,
> ligi Ma*ic* Connaid ni cheil [leg.chél]
> 'con linn i tigh Mochuaa. Finit.

---

immach is ann asb*ert*: 'Imlech Ech Immareidmis ar ca*ch* leth, Ce ronmáidi nech ronbi, Nirbo du do Aithechdai.' Roadnacht-som did*iu* i n-Glind Da Locha, dia n-erbrad: Lige Mælodrain is gle I n-glind fri' gaithe clua, Lige Ma*ic* Con*n*aid ni chail Fond laim i toeb Mochua.

Finit.

THE DEATH OF MAELODRÁN MAC DIMMA CHRÓIN.

[*Translation.*]

1. There was a fierce warrior of the Division of Mosscorp of Leinster, even Maelodrán, son of Dimma Crón. Of him was sung:

> The war against Ossory
> Does not succeed[1]
> Without Mac Connaid on a noble steed,
> Without Marcan, without Maelodrán.

And again:

> Maelodrán, son of Dimma Crón,
> Killed the man in the bog,
> (Neither) lords nor other bodies
> Slew a single slaughter.

2. Neighbours to him were the Húi Máil, and his neighbourhood was ill for them. Hence was sung:

> The Hói Máil,
> Thirty hundred was their number;
> Maelodrán left
> But thrice nine of them.

And he himself said:

> 'The Húi Máil to me are like
> As a mill that grindeth corn,
> The Húi Máil are welcome to their slaughter,
> Any quern is right to crush them[2].'

[1] Lit. go off.
[2] It is interesting to note the variants of this quatrain in the two versions. Rawl. B. 512 retains the original form of the verses dating from a time in which *húi* counted as a disyllable.

APPENDIX.

3. Now Aithechda was the king of the Húi Máil. Maelodrán had taken his daughter to wife. Once she went to her father's house to visit her mother who was in sickness. Her father tempted her to betray her husband, even Maelodrán, to them. 'Well,' saith the woman, 'I am to meet him to-night. But he has three bothies[1], and I know not in which of them he will sleep to-night. However, I know what is good for you. Let the whole of my wallet[2] be filled by you with rotten wood[3], and I will say that I have my dress in it. I shall then go after him and scatter the wood behind me; and do ye come on my track.'

4. So it was done. They go until they were around the bothy. They raise a cry over him. 'Art thou yonder, O Maelodrán?' ''Tis likely I am,' saith he. 'Do not kill your sister! I will let her out to you.' 'She shall be welcome,' said the men. With that he strips her head-gear from the woman, and putting the woman's head-gear about his own head went past them. 'Now,' he said, 'you shall have trouble by me.' Then he attacked them and made a slaughter of them. However, after that Aithechda made peace with him.

5. Once Maelodrán was bathing in Aithechda's house, who had it in his mind to kill him. Dubchrón, Maelodrán's gillie, was not there at the time. One of them puts a pan full of embers over his eyes and face, and Aithechda thrusts Maelodrán's own lance, even the Carr[4], into him and through him, and thus they killed him. Then they cut off his head, and placed him on his couch with a cloak over his head. Dubchrón comes on Dubglas, Maelodrán's steed. 'Dismount, O Dubchrón,' they all said. 'Not so,' said Dubchrón, 'where is Maelodrán?' 'He is asleep. Hush, lest thou wake him. Dismount and come into the house.' 'I do not think it likely that he should sleep, unless I were watching him. Take the cloak from his face!' It is taken off. 'Indeed, it is true,' saith Dubchrón. And he said:

> 'No wonder the face is pale
> That hath met with sword's play,
> Round which many hands have gone,
> The head that is on Maelodrán.'

With that he went from them.

The form of the quatrain in Rawl. 502 dates from a time when *húi* having become a monosyllable, it was necessary to insert words (*is*, *i*) in order to obtain the requisite number of syllables.

[1] Lit. 'cold bothies,' perhaps so called because no fire could be lighted in them.
[2] clera. See O'Don. Suppl. s.v. cleara.
[3] Tene tinnaig, lit. 'fox's fire,' *i.e. phosphorescent rotten wood*, as appears from the following passage in Eg. 1782, fol. 53 b, 2, to which Mr. Whitley Stokes draws my attention. *Cid fodera sund cose Soilsi 'sin crund is brenche?* This is glossed as follows: *dia rotirig Crist asa adnocul, ised rochét: saltair for crann crín, ut est tene tinnaig.*
[4] carr .i. sleagh, O'Cl.

APPENDIX.

6. Then Aithechda took Maelodrán's wife; for it was not Aithechda's daughter that was wife to Maelodrán when he was killed. On that day a year Aithechda was on his couch and was looking at the Carr on its rack, even the Carr of Belach Durgin[1]. It would kill thirty bands with its point or with its front-edge[2], and by falling to the ground, for it used to be in the road, and a fork under its neck. And whenever any one went past without leaving anything with it, a demon would move it, and it would leap among them and make a slaughter of them.

7. Now Aithechda was looking at the Carr. 'A full year to-day since I killed Maelodrán with thee, O Carr yonder!' saith he. 'Woe is me,' saith the woman, 'no good comes on thy lips. For if ever a man was avenged after death, it is most likely Maelodrán will.' With that they looked along the outer bridge. 'It is he!' saith the woman. Aithechda sprang towards the lance. Quicker did Maelodrán reach it and drive it through Aithechda, and he killed him. As he went out he said:

> 'Imlech of steeds[3]
> Around which we used to race on every side,
> Though he who slew him has boasted,
> It was not right for Aithechda.'

He was buried, however, in Glendalough, whence was said:

> Maelodrán's grave is conspicuous
> In the glen against the whirling wind[4],
> Mac Connaid's grave I shall not hide
> At the pool in Timahoe[5].

Finit.

---

[1] The name of some high road or mountain pass, not identified, as far as I know. See its *dinnsenchas* in LL. 194 a = BB. 364 b, and Lec. 461 a.

[2] Aur-eil, dat. of aur-ul. For this meaning of *ul* (*aul*) cf. secht traigid laram etir di aul in biela, 'seven feet between the two edges of the axe,' Cennach ind Rúanado, Edinburgh version. See Rev. Celt. xiii. p. 30, l. 9 = xiv. p. 452, l. 19. The same word seems to occur in the Old-Irish charm in Zeuss, p. 949: Ar ul loscas tene, ar ub hithes cú, *i.e.* 'ab acie quam urit ignis, a cuspide quam edit canis.' It is cognate with *ule* 'elbow' and *ulind* 'angle, corner.'

[3] Imlech Ech, now Emlagh in the barony of Costello, co? Mayo. See O'Don. FM. A. D. 757.

[4] gáithe clua = clói gáithe *whirlwind*, Rev. Celt. xiii. p. 385, l. 3.

[5] In Queen's County.

P. xxxiv.—fo. 116 b, 2.

THE DIALOGUE BETWEEN KING CORMAC AND FÍTHEL.

Fithel roc[h]an inso iar n-ol fleidi bici brighmairi do Cormac secha 7 rofrecart Cormac eisium .i. fecht bái Cormac ac ól fleidh brigmaire i Temraig. Bái dono Fithel féigbriathrach isin baili 7 ni rucad d'ól na fleidhe hé. Dorlacht Cormac arabárach ina tegh rígh 7 atbert Fithel fris: "Ol atibis sec[h]am-sa aréir, a C[h]ormaic,' ar Fithel. 'Ised,' ar Cormac. 'Nocha n-ibed h'athair sech m'aiti-si,' ar Fithel. Conid de rochan Fithel 7 rofregair Cormac.

'M'aiti-si flal Finngaine,
brethem robái ic Art Ainfer,
secha ní rachad d'ól
ar ór Gall ocus Gaidel.'

'Isam gáithi ina Art,
ised bís mo smacht do áfr:
is ferr mo c[h]ert is mo chíall,
is mo berim breth co fír.'

Conidh and dorónsat na rvnna.

F.[1] 'Nvcua mé
lilfes do neoch dar a tráth:
gel gach núa, lonn cach sgíth,
ní hinnann frith fogeb cách[2].'

C. 'A Fithail,
an biucán gurdar sithaig,
ní fad dochar ar rathaib,
fáthaig cid fir nach fithail.'

F. 'A C[h]ormaic
co méit váilli ocus orrdirc,
cid einech rígh rontidnaic,
atar dimdaig di air torbairt.'

C. 'A Fithail,
ebur cid linn íar lithaibh.

[1] Here begins a copy in LL. 149 a, and another in H. 3. 18, 40 b. The same lines occur in a poem in LL. 147 b, 40.

APPENDIX. 83

   bíd con*trackt* ar in muir mór,
   bíd itv iar n-ól, a *Fíthail*!'
 F. 'Is dom fváth
   sloinnfet-sa deit cv lefrluáth:
   is*ed* is mesa fvair læch,
   beith ac tig*er*na gæth gvach.'
 C. 'Gid meisi ní cél ar nech,
   bid vasal gid aírdeibech,
   is*ed* is messa tic tech,
   am*us* inafl oirbirech.'
 F. 'Ni hail dam
   *ser*c dvinẹ nachamcara,
   nvga tornem ort mo br*í*g,
   cid cían om' t[h]fr domrala.'
 C. 'Is gnáth o tosach domain
   ór oc rígaib va rog*ain*,
   nirb afl dam beith gan amos,
   ocus roc[h]aros m' fol*aid*.'
 F. 'Cian gardi caither mo ré
   oc ríghaib in domain ce,
   arm choemv ór *ocus* ech
   ce gaba nech, ní ba mé.' N.

[*Translation.*]

Fíthel sang this after Cormac had enjoyed a substantial little feast without him, and Cormac answered him. Once Cormac was enjoying a substantial feast in Tara. Fíthel of the sharp words was in the place, and was not invited to the drinking of the feast. On the morrow Cormac came into his king's house, and Fíthel said to him: 'Thou wast drinking without me last night, Cormac.' 'It is so,' saith Cormac. 'Thy father never drank without my foster-father,' saith Fíthel. So then Fíthel sang and Cormac answered.

  [Fithel.] 'My generous foster father Finngaine,
      The judge that was with Art Oinfer,
      Without him he would not go to drink
      For the gold of Galls and Gaels.'
  [Cormac.] 'I am wiser than Art,
      This is my authority ever:
      My justice and sense are better,
      I give better judgment justly.'

So then they made the quatrains, &c.

P. xxxviii.—fo. 122 b, 2.

FRAGMENT OF THE STORY OF BAILE BINNBÉRLACH.

See O'Curry, MS. Mat. p. 472 and Rev. Celtique, xiii. p. 220.

Baile Bindbérlach mac Búain 7 rl. Trí hui Chapa maïc Cinga maïc Rossa maïc Rudraighi .i. Monach 7 Buan 7 Fercorb, a quibus Dál m-Bvain 7 Dal Cuirb 7 Monaich Arad. Aenmac Buain .i. Baile Bindbérlach. Bá sainserc som do cech oén atchídh 7 nocluined itir fir 7 mnái ar a avrscélaibh. Ba sainserc som dano do Aillinn inghin Lugdach maïc Fergusa Fairrgi, no do inghin Eoghain maïc Dathi. Corongradaich o cach brígh, co n-imt[h]igtíss fessa 7 techta eturra 7 bá samlaid o Baile. Corodálsat coir coinne hi Rus na Rígh oc Laind Mælduib ar brú Bóin[n]e Bregh. Tainic didiu an fer atuáidh día torachtain-si o Emain Macha tar Slíab Fuait, dar Muirt[h]emne co Traig m-Baili. Roturnait a carpait . . . .

On fo. 126 a, 2 the following scribe's note is found:—

[Be]nnacht do tabairt ar [a]n anmain dosgríbh e, oir as bec ani as buaine 'nan dvine 7 ní bec sin do drochliter di. Ata .x. fer orm 7 do be annail a[n] Tigerna an tan sin .i. 1560. go hoidche nolloc do bí chugainn fan am sin .i. la fheil Peadair go sonnrad 7 agCircius dun sin, *i. e.* To give a blessing on the soul (of him) who wrote it, for it is a little thing that is more lasting than man, and that will suffice as a poor inscription for it. I am in haste (.x. fer = deithbir), and the year of the Lord at that time was 1560; to Christmas eve coming at that time, viz. the day of the feast of Peter more particularly, and in Circius (?) we were then.

P. xli.—The story of Columba in Aran is printed and translated in the Gaelic Journal, vol. iv. p. 162.

Ib.—The story of a monk and S. Comgall of Bangor is also in the Book of Lismore, fo. 69 b, 2. It is printed and translated in the Gaelic Journal, vol. iv. p. 229.

P. xliii.—The story of Baithín and Colomb-cille is printed and translated in the Gaelic Journal, vol. iv. p. 229.

Ib.—fo. 143 b, 1. Story of Cúchulinn and Senbecc. Cf. Rev. Celt. vi. p. 182. The following readings are noteworthy:—

l. 4. *fri[h]roisc na Boinne* (Stowe)=*fría frithrosc na Boinne* (Rawl.), 'against the current of the Boyne.' Cf. co n-accai comraid craind frithrosc int árotha chucai, 'he saw a wooden box (floating) towards him against the current of the river,' LL. 281 b, 12.

l. 5. *dotrala* St.=*tarrla* R.

l. 7. After *búada* R. adds *maithi*.

l. 8. *cein* St.=*in g[c]ein* R.

Ib. *imbá m-bia* St.=*uma m-bit* R.

l. 11. *gin* St.=*in g[c]en* R.

l. 12. *a cuil* St.=*a cul* R. Translate 'they are in the hollow (lit. back) of my hand.'

l. 15. *mer* St.=*mera* R.

l. 16. Instead of *goltraiges* &c. R. has the forms *goltraighles*, *genntraighgles*, *suantraighgles*, as if the last element were the word *glés*. Cf. the still more corrupt spellings *suantorrglés*, *geantorrglés*, &c., in O'Curry, iii. p. 223.

l. 18. *nombera breig an durnn Conculaind* R. which is to me as obscure as the reading of St. R. does not contain the poetry.

NOTES

Line 2. *taitni.* Perhaps leg. *thaitni.* See Stokes, Rev. Celt. vi. p. 282.
3. *Ugnide.* Perhaps leg. *légnid,* from *légenn,* as *scríbnid* from *scríbenn.*
Ib. *isind ebru.* H has *isand ephre,* which seems to be meant for the feminine = in hebraica lingua (cf. l. 335 = isind ebrae, Ml. 2 d, 11) while I take *isind ebro* (R) to be neuter = in hebraico; cf. in graeco 13.
4. *Sepher Tehallim* = ספר תהלים. Hieronymus, Praefatio in Psalmos, ed. Ascoli, *Il codice Irlandese dell' Ambrosiana,* p. 6: Nam et titulus ipse hebraicus Sephear Theallim, quod interpretatur volumen ymnorum.
5. *Laus vel hymnus.* Baeda, In Psalmorum Librum Exegesis, praef. (Migne, vol. 93): Hymnus est proprie laus Dei metrice scripta. Cf. imnos .i. laudes, LBr. 238 b.
7. *Nabla.* Isidorus, Etym. vi. c. 2: Psalmorum liber graece psalterium, hebraice nablum, latine organum dicitur.
14. *Organum.* Isidorus, Etym. iii. c. 21: Organum vocabulum est generale vasorum omnium musicorum. Cf. Ml. 89 a, 8: it hæ didiu ind aidmi asmbeir-som .i. organa .i. it hæ ind organ innahí asber inna diad .i. timpanum et chithara.
17. *Cithara .i. pectoralis.* Isidor. Etym. iii. c. 22: Forma citharae initio similis fuisse traditur pectori humano, quod uti vox de pectore, ita ex ipsa cantus ederetur, appellataque eadem de caussa. Nam pectus dorica lingua *εύθάρα* vocatur.
19. *Crott deichde.* Isidor., l. c.: Psalterium lignum illud concavum [= *bolg,* 22], unde sonus redditum, superius [= *anúas*] habet, et deorsum feriuntur chordae et desuper sonant [= *anúas sennair,* 23]. Psalterio autem Hebraei decachordo usi sunt propter numerum decalogorum legis.
23. *Nodforndither,* leg. *nothórndither?*
24. *Tarmiberar disuidiu.* Cf. Ml. 2 b, 17: Psalterium .i. cenelae ciuil inso 7 trimirucad disuidiu co n-eper libro psalmorum. Wb. 8 a, 5: tremiberar disuidiu conid ainm dun chrunn.
28. *Rúnaib.* The MSS. have *rúinib, rún* (an á-stem in Old Irish) having passed into the s-declension in Middle Irish.
35. *Psaltis* = ψάλτιγξ.
44. *Ut dicit Elair.* Hilarius, Migne, vol. 9, col. 233: Nam aliqui Hebraeorum eos in quinque libros divisos volunt esse ... ob quod hi omnes psalmi in consummatione sua habeant 'fiat, fiat.'

88   NOTES.

47. *Nach magen.* I doubted whether to write *nach magen* (nom.) or *nach magin* (acc.). But the former seems more usual in such constructions. Cf. mad forcenn libuir nach magen i m-beth amen indib, Ml. 2 d, 1; ib. 17 a, 10; in magen i n-déntar in filliud, is immedón dognither, ní fadeud, Pr. Cr. 63 a, Z. 983.

48. *Asbeir Hieronymus.* Hieron., l. c., p. 6: Si enim 'fideliter' 'amen,' pro quo Aquila trastulit πεπιστωμένως, in finem tantum librorum ponitur et non interdum aut in exordio aut in calce sermonis sive sententiae, nunquam et Salvator in evangelio loqueretur 'amen amen dico vobis.'

52. *Isnaib salmaib.* H has *isnahib*, R *isnaib*. Perhaps leg. *isnaibhí*.

57. *Ut dicit Petrus.* Hilarius, l. c.: Ita enim in Actis Apostolorum [1, 20] dictum meminimus : 'Scriptum est in libro Psalmorum.'

58. *Ní ed nammd.* Hieron., l. c., p. 6: Nos autem Hebraeorum auctoritatem secuti et maxime apostolorum, qui semper in novo testamento psalmorum unum librum nominant, unum volumen adserimus.

63. *Ar ataat teora ernaili forsin candin fetarlice.* Isid. vi. c. 1 : Hebraei autem vetus testamentum Esdra auctore iuxta numerum litterarum suarum in xxii libris accipiunt, dividentes eos in tres ordines, legis scilicet et prophetarum et hagiographorum ... Hi sunt quinque libri Moysi quos Hebraei *Thorat* vocant, Latini legem appellant ... Secundus ordo est prophetarum, in quo continentur libri octo, quorum primus Iosue Ben Nun ... secundus Sophtim ... tertius Samuel ... quartus Malachim ... quintus Esaias, sextus Hieremias, septimus Ezechiel, octavus Taresra qui dicitur prophetarum ... Tertius est ordo Hagiographorum, id est sancta scribentium.

103. *Amail asbeir Isidorus.* Isidor., Migne, vol. 83, col. 163 : Liber Psalmorum quanquam uno concludatur volumine, non est tamen editus uno eodemque auctore. Decem enim prophetae sunt qui eos diverso tempore scripserunt, id est, Moyses, David, Salomon, Asaph, Eman, Ethan, Idithun et filli Core, Asir, Elcana, Abiasaph sive Edras.   Nonnulli etiam Aggaei et Zachariae esse existimantur.

133. *Sinechtoche.* Isidor., Etymol., lib. 1, cap. 37 : Synecdoche est conceptio quum a parte totum, vel a toto pars intellegitur.

138. *Ut dicit Helairius.* Hilar., l. c., col. 233 : Ex quo absurdum est psalmos David cognominare, quum tot auctores eorum ipsis inscriptionum titulis edantur.

158. *Is ed cetharde,* &c. Cf. Baeda, l. c., col. 483: Horum autem quattuor praecentorum nominibus Esdras quosdam psalmos intitulavit, vel quia ipsi adiutores in ipsorum melodia fuerunt, vel, quod melius est, quia ipsa nomina secundum interpretationem et mysterium suum [*rún ainmnigthe*] psalmis ipsis conveniunt. Propter quam causam quidam psalmi quibusdam aliis nominibus, ut Aggaei, Zachariae, Moysi sunt intitulati : non vero, ut quidam dicunt, quod illi psalmos composuerint, quos omnes solus David composuit.

182. *Is trí metur rocéta.* Cf. fubith is trí metur roceta int sailm, Ml. 30 a, 9.

183. *Omnes psalmos.* Isidor., Etym., vi. c. 2 : Omnes autem psalmi apud Hebraeos metrico carmine constant esse compositi. Nunc alii iambo currunt, nunc elegiaco personant.

199. *Is tóisegu rocét in cóicatmad salm.* Hilarius, l. c., col. 238 : Psalmus enim tertius secundum historiam quinquagesimo psalmo posterior est.

NOTES.

203. *Immaircide.* Hilarius, l. c.: Sed quinquagesimi numeri virtus et perfectio exigebat ... ut remissio peccatorum in numero quinquagesimo collocaretur ... Nam quum in quinquagesimo, in quo est sabbata sabhatorum secundum Jubilei anni praeformationem, peccatorum remissio sit constituta, competenter hic psalmus, in quo paenitentia antelata peccatorum remissio postulatur, in ordine est huius numeri collocatus.

211. *Esdras.* Baeda, l. c.: Esdras enim scriba quum de Chaldaeorum captivitate cum populo Israelitico redisset in Iudaeam, et civitatem regiam Ierusalem invenisset ... hanc prophetiam, id est Psalterium, ut multa alia memoriter integre repetivit, et psalmos ut nunc sunt ordinavit, et titulos tam toti libro quam singulis psalmis apposuit.

219. *Fo chosmailius nacha cathrach.* Hilarius, l. c., col. 247: Nam liber omnis similis est urbi pulchrae atque magnae, cui aedes complures diversaeque [*illegdais*] sint, quarum fores propriis clavibus diversisque claudantur, &c.

251. *Acute mentis inventum.* The same etymology is found in the Milan glosses (42 b, 9), where *argumentum* is glossed *aithairec nó thaidbsin*.

253. *Bid bríathar arguo.* R has argu*mon*, H organo. I think *arguo* is meant. Cf. Isid., l. c., x.: argutus quod argumentum cito invenit in loquendo.

258. *Ut dicit Isidorus.* Isid., Etym. xi. c. 1: Argumentum est quod in principio libri breviter caussam pandit.

263. *Vel docoscethar* R. The 'vel,' as generally in Irish MSS., is meant to cancel the preceding word.

276. *Doróigu cethri míli.* Cf. 1 Chron. xxiii. 5.

285. *Is dó as dír ani as psalmus canticum.* Cassiod., Migne, vol. 70, col. 16: Psalmo canticum erat quum instrumento musico praecinente canens chorus vocibus acclamabat ... canticum psalmum erat quum choro ante canente ars instrumenti musici in unam convenientiam communiter aptabatur verbaque hymni divini suavis copula personabat.

295. *Asbeir Augustin.* August. iv. n. 4: Diapsalma ... graecum, quo significatur intervallum psallendi, ut psalma sit quod psallitur, diapsalma vero interpositum in psallendo silentium; ut quemadmodum sympsalma dicitur vocum copulatio in cantando, ita diapsalma distinctio earum.

314. *Siens ocus morolus.* Cf. is samlid léicfimmi-ni dóib-som aisndís dint sens 7 din mora*lus* manip écoir frisin stoir adfiadam-ni, gl. illis [i. e. lecturis] relinquentes maioris intellegentiae si voluerint aliqua addere, quae tamen a praemissa interpretatione non discrepent, Ml. 14 d, 10.

331. *Tintúd Septin.* Perhaps leg. *septien*, as in the Milan codex, fo. 2 a, 6. 15. 2 b, 3 &c.

337. *Nach ní dorormacht Septin.* Hieron., l. c., p. 3: Notet sibi unus quisque vel iacentem lineam vel signa radiantia, id est vel obelos vel astricos, et ubicumque viderit virgulam praecidentem, ab ea usque ad duo puncta quae impressimus sciat in Septuaginta translatoribus plus haberi; ubi autem stellae similitudinem perspexerit, de Hebraeis voluminibus additum noverit aeque usque duo puncta.

339. *Obil ɔ́. virga iugulans.* Cf. Isid., Etym. i. c. 21: Obelus, id est, virgula iacens.

341. *Hi ffrinne inna n-Ebraide* = in Hebraica veritate, Hieron. l. c., p. 7.

343. *Stella radiens.* Cf. signa radientia, Hieron. ed. Ascoli, p. 3.
Ib. *Ut Orion poetes.* Cf. Isid., Etym. iii. c. 70 : Orion astrum ... Hunc Latini
Iugulam vocant eo quod sit armatus ut gladius et stellarum luce terribilis atque
clarissimus.

349. *Pusillus eram.* This is the psalm beginning Μικρὸς ἤμην ἐν τοῖς ἀδελφοῖς μου,
placed at the end of the Psalms in the Septuagint. It refers to the victory of David
over Goliath. Hence, chronologically, it was ' sung first.'

352. *Is tré troccairi rosechar fírinne ocus cresine.* Cf. is tri chaingnímu rosegar 7
arosailcther ind hires foirbthe do engnu, ML 14 c, 19; arosailcther hires tri degním,
ib. 15.

361. *In hoc psalmo,* &c. This quotation, like those following, is taken from Bede,
Migne, vol. 93, col. 483 : Omnes generaliter ad studia virtutum incitat, simul adiungens
quae merces bona, quae mala gesta sequatur.

366. *Primus psalmus,* &c. Bede, l. c. : Primus psalmus duabus de caussis caret
titulo, vel quia ipse titulus et principium est aliorum, vel quia, &c.

367. *Primus psalmus,* &c. Bede, l. c. (who here copies from Cassiodorus, Migne,
vol. 70, col. 25) : Primus psalmus ideo non habet titulum, quia capiti nostro Domino
Salvatori, de quo absolute dicturus est, nihil debuit praeponi.

373. *Nam licet alii,* &c. Bede, l. c. : Nam licet et alii psalmi de ipso multa dicant,
nemo tamen de eius quae fuit in terris conversatione sic loquitur, et quoniam ad hunc
quae dicenda sunt cuncta respiciunt, merito caput sancti operis ponitur.

402. *Moris est scripturae sanctae.* I cannot find this quotation in Isidore.

412. *Illud verbum,* &c. I do not know whence this quotation is taken.

418. *Fó chethir.* There can be no doubt that *fochetair* of the MSS. should be thus
emended. 'Fiat, fiat' is found at the end of psalms 40, 71, 88 and 105. With the
construction cp. fo chóic sechtmogat ata diabpsalma isint saltir, Ml. 2 c, 2.

422. *Asbeir Isidorus.* Isid., Etym. x : Beatus dictus quasi bene auctus, scilicet ab
habendo quod velit, et nihil patiendo quod nolit. Ille autem vere beatus est, qui et
habet omnia quae vult bona [inna huile beatusa 430] et nihil vult male. Ex his enim
duobus beatus homo efficitur.

434. *Sergius* (Seregius R, Seregus H). This can hardly be meant for the grammarian
Sergius or Servius, for the phrase 'quod vita aeterna fruitur' points to a Christian writer.

440. *Isin cethramud ceníul inna sulbaire rómánda .i. bes. Bes* may be meant for
βίος, but what 'the fourth kind of Roman eloquence' or 'rhetoric' may be I know
not.

442. *Exceptid di chobedin tánaisi.* The writer means that *beo,* ending in *-eo,* might
be expected to belong to the second conjugation. The words *beo, creo* and the like
seem to have puzzled the early grammarians. Cf. Commentum Seduli in Eutychem
(Keil, Grammatici Latini, supplement, pp. 8, 9). Priscian (ed. Keil), ii. 469. 27.

443. *For chéina-chobedin.* Cf. Ducatus a ranngabáil (arngabail Fcs.) chésta. Du-
catus *dano* ainm trén for deilb ran[n]gab*ála* for .iiii. diull. 'Ducatus its passive
participle. Ducatus also a noun substantive, in the form of a participle, by the fourth
declension,' LBr. p. 238 b ; sailte a *uerbo condio* condis for quartchoib[edin], ' by the
fourth conjugation,' ib. ; putrent .i. a *uerbo* putro for cetchoib*edin,* ib.

NOTES. 91

444. *Bid ainm n-adiecht.* Cf. Priscian, lib. iii. p. 597: Sed quando comparantur participia transeunt in nominum significationem. This is glossed in the St. Gall codex, p. 39 b: it anmmann hisuidiu inna ranngabala.

446. *Dorími dano Cassiodorus.* Cassiod., Migne, vol. 70, col. 27: Beatus ergo vir dicitur, sicut nobis maiorum tradit auctoritas, quasi bene aptus, cui omnia desiderata succedunt.

449. *Dorími dano Ambrois.* I cannot find this explanation in Ambrose.

454. *Homo.* The *his* which R adds after *homo* may be meant for the genitive *hominis*, or it may be a mistake for *is* which the scribe omitted to expunge.

456. *Ab humo.* This etymology is taken from Isidore: Sicut homo ab humo, unde proprie est appellatus. And again: Homo dictus quod ex humo factus est.

457. *A virtute.* Isidore has only: Vir a virtute, and Vir nuncupatus quod maior in eo vis est quam in feminis, unde et virtus nomen accepit, sive quod vi agat feminam.

466. *Is fri side fogniat.* Perhaps leg. *fo side* with H.

470. *Abeo,* &c. I do not know whence this explanation of *abeo* and the etymology *ab eo* is derived.

INDEX VERBORUM.

A.

a, *ex*, 286. 288. asin 56. 115. 122. 212. asind 335. asna 130. asé 442.
a, particula vocativa, *a*. 406.
a, pron. poss. sg. 3 : 3. 7. 12. 15. 22, &c.
a n-, pron. poss. pl. 3 : 128. 131. 169. 213.
a n-, pron. rel. 159.
a n-, ró, articulus neuter, v. ind.
accomol, n. *coniunctio*, 297. 311. tre accomol gl. per sineresin, Sg. 32 a, 4.
acht, *sed*, 16. 135. 149. 420.
ad-amra, *admirabilis*, 212. 225.
ad-comalnaim, *coniungo*, pass. praet. sg. adrocomallnad 307.
ad-fiadaim, *enarro*, pass. s-fut. sg. adfesar 289.
ad-fír, *verissimus*, 171 H.
adieoht, *adiectivum*, ainm n-adiecht 454.
adindet 202, leg. asindet, v. asindiut.
ad-rímim, *enumero*, *computo*, praes. sg. 1 : atarimim 76. praet. sg. 1 : atarurmius 83. pass. praes. sg. -airimther 59. pl. atrímier 60.
æ, v. ái.
ái, *eorum*, 227. 198 H. æ 181. 198. aei 227 H.
aidilcnigim (ó), *egeo*, dep. praes. sg. 3 : aldilcnigthir 246. Cf. aidilgnitir dano uadi-si, Sg. 4 b, 10. ní aidilcniget ó nach airchisecht, Alex. 851.
aile, *alius*, 405. 407. 434. 447. 467.
aimser, f. *tempus*, 90. 99. 101. 102. acc. aimsir 459. dat. aimsir 102. 462. pl. nom. aimserai 100.
ainm, n. (1) *nomen*, 6. 10. 12. 16. 17, 41, &c. (2) *nomen substantivum* vel *adiectivum*, 38. 298. 308. 439. 444.
ainmnigim, *nomino*, *nuncupo*, pass. praet. sg. rohainmniged 10. 456. 458. inf. ainmnigud 34. ainmnivgud 169. gen. ainmnigthe 162.
airberim biuth (ó), *utor*, *fruor*, praes. sg. 3 : a[i]rbĭr bĭth 139. arba[i]r bith 438 = *fruitur* 437.
air-diro, *conspicuus*, 89.

airecc, m. *inventio*, *inventum*. 160. 252. 253.
airechas, m. *principatus*, *praestantia*, dat. airechus 15.
airechde, *principalis*, *praestans*, 165.
airechtu, *inventio*, acc. airechtain 243 H. airrechtain ib.
air-fo-emim, *excipio*, *suscipio*, praes. sg. 3 : arfoim 300. 308.
airicoim, *invenio*, pass. praes. sg. arecar 89. 91. 298. pl. airecaiter 30. 100. praet. sg. arricht 282. pl. airictha 265. airnechta, 256. 262. Cf. condafairnechtar i n-óendáil ar a chind, LL. 276 b, 3.
airm, f. *locus*, 454. airm cussurccad i slait, is i tuc ainm dond Eoraip, LL. 136 a.
aimėis, *relatio*, faisneis 257. 266.
áiss, m. *aetas*, *homines*, oes 206 H. aes 438.
aistriso, m. *asteriscus*, 336. 342. R. C. viii. 366.
áith, *acutus*, 252.
áith-airecc, 253 = *acutum inventum* 252. inna áithirciu (pro áith-airecu) gl. argumenta, Ml. 31 a, 21. athairec aile, R. C. viii. 367.
aithrige, f. *paenitentia*, 205.
alaile, *alius*, 42. 136. 153. pl. nom. alaili 153. acc. alailiu 167.
amail, *ut*, *sicut*, 188. amal 76 H. amoil 188. 436. 448 H. amail bid 436. 448 = *quasi* 435.
am-ires, f. *infidelitas*, acc. amiris 325. dat. amiris, Wb. 2 c, 29.
and, *ibi*, 37. 39. 352. 399, &c. ann 95. 393.
ani, v. í.
an-immaircide, *incongruus*, *inconveniens*, 84. 86.
anse, *difficilis*, passim.
anúas, *desuper*, 22. 23.
apgitir, *abecedarium*, *alphabetum*, 181. 191. abgitir, Wb. 33 c, 13.
apricc (*ad-briacc), f. *fragilitas*, 455. Cp. corp aibrisc daenda, Laws I. 10, 10.
apstal, m. *apostolus*, 53.
ar (cum dat. et acc.), *propter*, 15. 365. 394. aire 169. arindi 5. 14. 351.

INDEX VERBORUM.

ar, *nam*, 62. 78. 352. 354. 370, &c. arná *ne* 244.
araile, *alius*, 346. 451.
ar-chiunn, *infra, postea.* Cf. Angl. 'ahead.' arcind 289.
argumaint, n. *argumentum*, 275. 360. pl. nom, argumainte 247. 250. 256. 266.
árim, f. *enumeratio, numerus.* bid hí a n-árim, Salt. 51. ni thic dím a n-áirim uli, LU. 39 a, 12. ansu árim a ilcumachta, LU. 123 a. dat. áirim 60 H. gen. áirme, 41.
ar-medón, *in medio*, 150 H.
as, *qui est*, 133. 313. 348. 421. 424.
as-berim, *dico*, praes. sg. 3 : asbir 177. pl. 3 : asberat 194. 345. 346. 379. praet. sg. 3 : asbert 463. pass. praes. sg. asberar 301. 309. conj. sg. asberthar 236. praes. sec. sg. asbertha 84.
asindiut, *profero, refero*, praes. sg. 3 : asindet (sic leg.) 202.
até, *est*, 245. 312. 330. 418. 424. ataa 347. *qui est* 270. 454. ataat *sunt* 62. 178. atat 78. 190. 272. itat 272 H. itaut 330 H.
at-cobraim, *desidero*, praes. sg. 3 : atcobra 426. 430. 431.
athair, m. *pater*, gen. athar 324.
athinne, *titio, torris, fax*, 270. Corm. p. 5. dobeir urchur d'athainde for lasad fair, corolen int athaindi iarna tedid don gaeth isin taiblidh, coroloisgid he, BB. 473 b, 37.
athnugud, *renovatio*, 213. Salt. 6721. 8119.
augtar, m. *auctor*, 410.
augtarus, *auctoritas*, 'authorship,' 128. 131.

B.

balbilónde, *babylonicus*, 209.
baithis, *baptisma*, 322.
beatus, *beatitudo*, pl. acc. beatuss 430.
beó, *vivus*, pl. acc. biu 329.
beóaigthe, *vivatus*, 436. 452.
berim, *fero*, pass. praes. sg. berair 460.
béstatu, m. *moralitas, mores*, 351. 358.
bethu, m. *vita*, dat. bethaid 436.
beus, *porro*, 417.
bíáit, f. *Beati* (Ps. 118). acc. biait 126. biáit 180. beat 193. biat 193.
bindius, m. *symphonia*, 156. gl. sonoritatem, Sg. 5 a, 2. 3. gen. bindiusa gl. euphoniae, Sg. 23 a, 3. tri bindius 7 chlais, ML 136 a, 8.
biu, *sum*, praes. sg. 3 : bid 22. 34. 253. 270. 411. 442. 444. 450. -bi 48. 50. rel. bis 305. bes 88. inj. -beth 464. praes. secund. amail bid *quasi* 425. 436. 448. -bad 47. 194. 346. 347. 414. 416. nobeith 202. 205. 359. pl. 3. comtis 43. 239. praet. sg. 3 : ba 56. 157. 240. nipu 95. pl. 3 : rombatar 207a. perf. sg. 3 : robui 341 (robui H). rabi 338.

blog, f. *fragmentum*, pl. dat. blogaib 208.
bolg, m. *lignum concavum crottae*, 22.
bráthair, m. *frater*, pl. voc. a braithre 406.
briathar, f. (1) *verbum*, 95. 411. acc. brethir 410. pl. gen. briathar 258. (2) *verbum*, anglice 'verb,' Z. 987 b. 253. 465. 471. acc. brethir 395. 401.
britham, m. *iudex*, pl. gen. breithiman 101.
bruinne, m. *pectus*, pl. dat. bruinnib 19.
bruinnide, *pectoralis*. 18. ind étaig bruinnidi gl. fasciae pectoralis, Ml. 144 c, 7.

C.

cach, *quivis*, 16. 181. 320. gach 15. gen. fem. cacha 17.
cách, *unusquisque*, 168. 463.
cain-tormachthæ, *bene auctus*, 451. 425.
cáin-ullmaigthe, *bene aptus*, 448.
caite, v. cate.
can, *unde*? 9. 33. 269. can do chenél 7 cia th'ainm ? LU. 22 a. LL. 289 a, 25.
canas, *unde*? 269 H.
canim, *cano, canto*, perf. sg. 3 : rochachain 11. 108. 110. 127. 135. 172. 237. 239. pass. praes. sg. canair 284. praet. sg. rocet 188. 349. pl. roceta 176. 177. 186.
canóin, f. *canon Scripturarum Sacrarum*, 56. 210. recht is canóin, Salt. 4524. gen. canóine 61. canone 77. Compos. nóib-chanóin 395.
cantaicc. f. *canticum*, 188.
cate, *quid est*? 291. caiti 264. 360.
cathair, f. *urbs, civitas*, gen. cathrach 220. dat. cathraich 93.
cé, *quanquam*, 370.
cech, *quisque*, 111. 227 H. 320 H. gen. fem. cecha 17 H. 326. 327.
cechtar, *uterque*, cechtarde *uterque eorum*, 450.
ceist, f. *quaestio*. cesc 413 H. 426 H. ciesc 349 H. segair in chest, LU. 133 b, 31. gen. gleod cacha cesta, Salt. 7839. dat. túr daith for cach ceist, Salt. 7844. pl. nom. robictha na teora cesta, LBr. 238 d, 42. gen. mór cesta, Salt. 7555.
cen (cum acc.), *sine*, 279.
cenél, n. *genus*, dat. ceniul 440.
cenélach, *generalis*, 14. 16. 17. 94. acc. fem. cenelaich 133. pl. nom. celencha 272.
cenmothá (cum acc.), *absque*, 273.
centuir, m. *centurio*, 354. Cp. cétur, Salt. 7612.
cetól, n. (1) *musica*, 24. gen. ciúil 39. acc. ciul 174. (2) *instrumentum musicum*. gen. cíúil 35. dat. ciúl 15. Cf. cenelae ciuil inso gl. cymbalum. Ml. 2 b, 14. ib. 15. 17.
cerle, *quid ergo*? 264 II.
certaigim, *corrigo*, praet. sg. 3 : rocertaig 336.
césad, m. *passio*, 322.
césu, *quanquam*, 170. cesu, LU. 133 a, 21.

INDEX VERBORUM.

cétal, n. *cantus*, 278. cetul 165. gen. cætail 161. 197.
cétamus, *primum*, cetumus 292.
cetharde, *quadruplex*, 459.
cetharde, n. *quattuor res.* 159. 312.
cethir, *quattuor.* cethri 31. 78. 272. fó chethir (sic leg.) *qwater* 418.
cethramad, *quartus*, 440. cethramath 211.
cethrar, *quattuor viri*, 165.
cétna, *primus*, 313. 315. 343. 443.
cétna, *idem*, 308.
ci, *quis?* cí-si 61. 76.
ci, *quanquam*, 236.
cia, *quis, quid?* 6. 255. 275. 329. cía-sí 41. 196.
cía, *quanquam*, 84. 86.
ciall, f. *sensus, intellectus*, gen. céille 137. 303. dat. céill 292. 301.
cid, *quid?* 250. 320. 365.
cid, *quanquam*, 202. 204. 359. ced 463.
cid, *etiam, quin etiam*, 458. 468.
cin, *delictum, peccatum*, pl. nom. cinaith 206.
cinnas, *quomodo?* 82. 207. 297.
cis lir, *quot?* 110. cialir baird docuissin? Ir. Texte iii, p. 5; p. 24. cialir fodai filet forsin m-bairdne? ib. p. 6. cit lir fodlai for nathbairdni, ib. Laws, passim.
claiss, f. *chorus*, 166. 168. 250. 281. 288.
clóine, f. *iniquitas*, 327.
cluinim, *audio*, perf. pl. 1. rochualamar 107. = *audivimus* 105.
co (cum acc.), *ad, usque ad*, 472. cosin 209. cuci, *ad eum*, 473.
co n- (cum dat.), *cum*, 225.
co n-, *ut*, 25. 43. 211. 302. 336. condid *ut sit* 25.
cobedan (ex °con-fedan), f. *coniugatio*, 443.
co-cetal, n. *concentus*, dat. cocetul 115. 117. 118.
cóic, *quinque*, 46. 330.
cóica, m. *quinquaginta*, dat. coïcait 115. 122.
cóicatmad, *quinquagesimus*, 199. 204.
cóicthe, n. *quinque res*, 245 (coïcde H).
cóictide, *quinquagesimalis*, 205 H (coïciaigde R).
cóir, *congruus*, 419.
com-airbert bíth, *vitae degendae ratio, conversatio* 372. a comairberte biuth gl. omne studium suum, Ml. 35 c, 15. ib. 17.
com-airle, f. *consilium*, acc. comairli 469.
com-cobneste, *correlatus*, 31. Cf. coïbnestal gl. *affines*, Sg. 11 b, 3. 11 b, 5.
com-didnad, *consolatio*, gen. comdidanta 383.
con-delgaim, *comparo*, pass praes. sg. condelgdar, 445.
con-gabim, *contineo*, pass. praes. sg. congaibther 380. 381.

con-scríbaim, *conscribo*, praet. sg. 3: condascríb 99. pass. praet. sg. condascríbad 102.
corrici, *usque ad*, 122.
cosmailius, m. *similitudo*, 216. 224.
cresine, *fides*, 353. 355. 357 (cresene H).
crott, f. *crotta, cithara*, gen. croiti 17. dat. croit 11. acc. croit 280. 281. 285. pl. nom. cruit 19.
cruth, m. *forma*, 275.
cuibdius, *harmonia*, 157. 175. air in cuibdius gl. propter modulatam respondentium concinnentiam, Ml. 138 d, 2.
cumbre, f. *brevitas*, 258.
cumtabairt, *dubitatio*, 187.
curim, *pono*, pass. praes. sg. curther, 128.
cúrsachad, *increpatio*, gen. cúrsachtha 384, Wb. 4 a, 2. 29 a, 17.

D.

dé, *duo*, 71. 111. 113. 116. 120. dó 247. dat. díb 171.
dachtaloda, *dactylicus*, 177. dactaloda H. 188. dactal[c]da 195. dachtalc[d]a H.
dano, *ergo, etiam*, 51. 53. 58. 308. 406. 446. dono 180. 434. 449. 458. d'no 51 H. 53 H. 58 H. 449 H. 458 H. d'na 461 H.
deochad, *veni*, pl. 3: condeochatar 209.
dechair, *differentia*, dechoir 164 H. dechair, Salt. 1255. 1330. 7947, &c. deochair, Salt. 1251. 1278. 6863. &c. ar ba sí deochair lasna fianna, LU. 86 b, 41.
déde, n. *duae res*, 240. 348. 422.
dédenach, *ultimus*, pl. acc. fria dedencha *ad extremum (vitae)* 277. Cf. oruciacht cusna dédenchu dó, LBr. 143 a, 36. ib. 260 b, 39. Intan rosiacht cusna dála dédenchu dó, ib. 184 a.
déec, *ducem*, dec 71.
deich n- *decem*, 21. 26.
deichde, *decuplex*, 19, dechde H. iss hí ind áirim deichde, Salt. 744.
deichnebor, *decem viri*, 107. 126.
demin, *certus*, 162.
demnigim, *comprobo*, inf. delmnigud 129.
deochor, n. *differentia*, 264. 291.
derg, n. *rubrum*, 241. 244.
dermoinlur, *obliviscor*, t- praet. sg. 3: dorermat 340. V. Stokes, Trip. Life, p. 646.
derraigim, *excito, expergefacio*, praet. sg. 3: roderaaig 155. condomdersaig as mo chess, LL. 292 a, 25. praes. conj. sg. 2: nimdersaige frí úathad, LU. 62 a, 26.
descipul, m. *discipulus*, 54. deiscipol, Salt. 7814. pl. acc. deiscipla, Salt. 7595.
desmrecht, *exemplum*, 55. 130.
dess, f. *dextra (manus)*, acc. hor deis *ad dexteram* 323.
di, *de, ah*, 61. 77. 111. 277. 354. 443. din 10.

INDEX VERBORUM.

88. denaib 27. de-sium 371. di-si 84. dib 136. 248. 280.
día, m. *deus,* gen. dé 324 (dee H).
díade, *divinus,* 96.
díanechtair, *extrinsecus,* 149. 220. 223. 247. = foris 409.
diapsalma, *διάψαλμα,* 290. 292. 295. 306. diabsalma 302. Cf. diabsalma, diabpsalma, Ml. 2 c, 2. pl. dat. diapsalmaib, Aisl. Meic Congl. p. 13, 11.
dídiu, *igitur, autem,* didu 356. 418. 'diu 134 H. 227 H. 308 H. 339 H. 343 H. 405 H. 474 H.
díles, *proprius,* 471.
dílmain, *legitimus, iustus,* 438.
dílsetu, m. *proprietas,* dorochair i n-dílsita dó 168. = dorochair i n-dílsidi, Sg. 29 a, 8. ib. 29 b, 7. Compos. sain-dílsetu 168 H.
dínsem, *spernere, contemptio,* dat. dinsim 327. Cf. donesbe gl. *despicies,* Ml. 112 c. andaruncsus gl. *spernens,* Ml. 36 c. donesfid, Wb. 26 a, 8.
dír, *proprius, conveniens, congruus,* 281. 283. 285. 287.
*distengaim, *distinguo,* inf. distengad 262.
diutornim, *Deuteronomium, diuitornimium* 66. deutornim, Ml. 71 d, 1.
dliged, n. *lex, ratio,* 146. gen. dlligid 130.
do, *ad,* 2. 14. 92. 96, &c. don 25. dont 90. donaib 94. dou 99 H. 265 H. 281 H. 285 H. 305 H. dó 10. 91. 99. 169. 213. 471. dii 91 H. dún 194. duinne 353. 408. dondí 284.
do-air-chanim, *propheto,* perf. sg. 3 : doairchechain 85. pl. 3. tairchechnatar, Wb. 5 a, 1. tairchechuin, Wb. 4 c, 40. 4 d, 8. pret. sg. 3 : -tirchan 321. pass. praet. sg. doarchet Wb. 4 d, 4. Cf. taircetlaid *propheta,* LL. 285 a, 31.
do-air-chellaim, *comprehendo,* pass. praes. pl. duairccellaitir 106 = *concluduntur* 105. inf. dat. do tairchi[u]ll 96 = *comprehendi* 98.
*do-airissim, *consisto,* dep. praes. sg. 3 : -tairisedar 20. 25. Cf. cétna airtecul áruide doairis ó rainde (leg. raindib) 7 ó chotib fadén, Aisl. Meic Congl. p. 49, 24.
*do-aisfenim, *ostendo,* pass. praes. sg. -taisfentar 92.
*do-aissílbaim (do), *adsigno, adscribo,* pass. praes. sg. doaisilbthar 135. 169. -taisilbthar 159.
*do-aitnim, *fulgeo,* Stokes, Trip. Life, p. 647. praes. sg. 3 : taitne 2. doaitne, Salt. 5105. dothaitne, ib. 183. 240. 249. doraittni, ib. 7531.
do-ánic, *venit,* -táinic 211.
do-beraim, *do,* praet. sec. pl. 3 : dobertis 55. pass. praes. sg. doberar 286. 288. -tabair 191.
docholsain, *est,* 95. dichoissin, Wb. 21 a, 13.

amail doncoisin *sicut sumus,* Wb. 17 b, 10. Ceithre ime docnisin *sunt quattuor differentiae,* Laws IV. p. 72, 4. cialir baird docnissin *quot bardi sunt* ? Ir. Texte iii. p. 5. ib. p. 24.
do-chosaim, *sequor,* dep. praes. sg. 3 : docosoethar 257. 264. 267.
do-chrenim, *cado,* perf. sg. 3 : dorochair 168.
dochum (cum gen.), *ad, versus,* 466.
do-dechad, *veni,* sg. 3 : dodechaid 212.
do-faobaim, *sino,* pret. sg. 3 : dofargaib 410.
do-formaigim, *augeo,* t-praet. sg. 3 : doformagfit, 337.
*do-fuarthim, *maneo, remaneo,* perf. sg. 3 : doruaraid 30. pl. doruarthatar gl. *remanserunt,* Sg. 5 a, 13. dorruairthetar, ib. 18 a, 6.
do-gniu, *facio,* praes. sg. 3 : -déne 302. praet. sg. 3 : derigne 276.
*do-goim, *eligo,* perf. sg. 3 : doroigu 277. doróigu Wb. 4 b, 31. 4 c, 16.
do-gréa, *continuo, semper,* 279.
do-imm-chellaim, *circumdo,* praes. sg. 3 : tonimcella 220. Cf. duimchella son in cathraig andes 7 aniar 7 antuaid, Ml. 67 d, 8. dolmchelltis gl. amicarentur, ib. 90 d, 5. dosrimchelsat, Salt. 5059.
dóinde, *humanus,* doenda 455.
*do-infedim, *inspiro,* Stokes, Trip. Life, p. 648. pret. sg. 3 : dorinfid 173. a n-duriand gaith gl. flante vento, Ml. 96 c, 4. pass. praes. sg. doinfidir 26.
*do-inólim, *colligo,* praet. sg. 3 : dodaairinal 214 = do-da-r'-in-ól. dorinól, Salt. 6485. 6897. dorinolsat, ib. 5479.
*do-intáim, *verto, interpretor,* praes. sg. 3 : donintai 441.
dóire, f. *captivitas,* 209. 212.
do-luigim, *remitto, ignosco, condono,* pass. praet. pl. doloigdis 260.
do-moiniur, *puto,* perf. (?) sg. 3 : doromenathar 473.
domun, m *mundus,* gen. domain 94.
*do-rataim, *do,* praet. sg. 3 : dorat 156. 175. 338. 342.
do-réir, v. ríar.
doridisi, *retrorsum,* 474.
do-rimim, *enumero, enarro, digero,* praes. sg. 3 : dorime 164. 434. 446. 449. sg. 3 : dorimet 42. pass. praet. sg. dorurmithe 86.
do-rochim, *venio, advenio,* praes. sg. 3 : do roich 33.
do-thiagaim, *venio, advenio, adipiscor,* pass. praes. sg. dotugar 357.
do-théet, *venit,* 472.
do-uocaim, *affero,* praet. pl. 3 : dodnucsat 355.
drech, f. *facies,* metaph. *frons,* dat. dreich 1.
dú, *locus,* 417.
dub, n. *atramentum,* 244. gen. duib 243.

duine, m. *homo*, dune 433. pl. dat. dóinib 94 H.

E.

é, *is*, 468. bé 1. 3. 99. 333. 429. pl. 99.
ebraide, *hebraicus*, 338. 341. Salt. 7504. 7516.
ebre, *hebraicum*, 7. 181. 192. dat. isind ebre 3.
ebre, f. *lingua hebraica*, dat. isand ephre 3 H. asind ebre 335. isind ebra 12. 182. Cf. isind ebrae, Ml. 2 d, 11. roptar i n-ebrai, ib. 63 b, 2.
eclais, f. *ecclesia*, 319.
ecne, *sapientia, scientia*, 246.
é-coimtig, *infrequens, inusitatus*, 439. écoimtig, Sg. 138 a.
ed, *id*, 29. 34. 42. 58. 414. 420.
edón, *id est*, 187 H. 195 H. 435 H. 441 H.
eligineda, *elegiacus*, 195.
ém, *profecto*, 91 H. 333 H. ém 91. 169. 333.
eochair, *clavis*, 238. echuir, LU. 134 a, 42. 134 b, 1. eochair, lb. 3. pl. dat. eochraib 226.
erchoiltiud, m. *definitio*, gen. ercholite, 392.
érge, n. *resurrectio*, 323.
ernaigde, f. *oratio, precatio*, 155. airnaigthe 234.
ernail, f. *pars, genus*, 61. 248. pl. nom. ernaile 63. 262. dat. ernailib 61. Cf. bá sed a n-ernail do brait Ulad, ben braiti illáim cach fhir dib, LL. 95 a. roláiset a n-ernail búair 7 braite æoco, LU. 77 b, 33. is iat sin tra sé hernaili na trócairi, Rev. Celt. iv. p. 248, 4.
erslocad, *aperire*, 227.
es-érge, n. *resurrectio*, dat. esergo 203. eserocin 323 H.
es-srédiud, *dispersio*, esreud 208.
etar-scaraim, *separo*, pass. praet. sg. etarrocerad 312. inf. etarscarad 303. 306. gen. etarscartha 301.
eter (cum acc.), *inter*, 264. eturru *inter eos* 276. 291. etoroib 291 H.
eter . . . ocus, *et . . . et*, 281.
eter-chertaim, *interpreto*, pass. praes. sg. etercertar 6. 300. 303. 309. 310.
etir, *omnino*, cen nach tairmeæc n-etir *sine ulla intermissione*, 279.
exceptid, *exceptio*, 442. cen exceptid, Wb. 25 c, 32.

F.

fa, *an*, 166. fa in 176. 197. fo in 42.
faiendís, v. aianéis.
fáith, m. *vates*, 157. Compos. min-fháith, prim-fháith, q. v.
fáitsine, f. *prophetia*, 321 (faidsene H.), gen. na fastine 67.
fechtnach, *prosper*, 452. Alex. 960.

fer, m. *vir*, 111. 464. gen. fir 38. 40. dat. fir 472.
fersa, m. *versus*, du. nom. fersa 393.
fetarlicce, f. *vetus lex, vetus testamentum*, gen. fetarlaice 26. 59. 164. na fetarlicce, Wb. 4 d, 25.
fethligim, *maneo*, praes. pl. 3 : fethligit 470, fedligæt, H.
fil, *est*, 87. 417. *qui est* 1. 41. 174. 333.
fili, m. *poeta*, 157.
findbathach, *beatus*, 433. 463.
fír, *verus*, 171. iar fír 420 H. compar. fíriu 348. fír-findbathach *vere beatus*, 429.
fírinne, f. *veritas*, fírinne inna n-Ebraide = *Hebraica Veritas*, 338. 341. Cf. denum tintuda inna fírinne file isind ebrae isin laitin, Ml. 2 d, 11. *iustitia* 326. 353. 355. 369.
firion, *iustus*, 430. pl. nom. fireoin 469.
flesc, f. *virga*, 340.
fo, *sub*, 222. 336. 400. fa 466 H. foaib 157. 175. fo chosmailius *ad similitudinem* 395. fo chethir *quater* 418 (sic leg.)
fobíth, *quia*, 93. 205. 234.
fo-cherdim, *pono*, praes. sg. 3 : focert 131.
fochon, m. *occasio*, gen. fochoin 268 H, fochaind R.
fo-dalim, *divido*, pass. sg. fodailter 46.
fo-dírc, *visibilis*, *evidens*, fodeirc 353 H. fadirc LL. 278 a, 9.
fo-gníu, *sudeo*, praes. pl. 3 : fogniat 466.
fotrenn, f. *factio, pars*, fairind 379.
foladh, n. *substantia, vis, res significata*, 459 H.
for, *super, ad*, 168. 329. 410. 411. for deis *ad dextram* 323. forsin 30. 63. 78. for[s]na 354. forsa (rel.) 191. fair 339. 342. furi 22. foraib 331.
for-até (cum acc.), *subest, inest*, 330.
for-cena, m. *finis*, 47. 49. 417.
for-citel, n. *instructio, doctrina*, 93.
for-gnúis, f. *species, forma*, 217. 223. gen. forgnuse 304.
for-lán, *valde plenus*, 158.
*fo-rindim, *significo*, pass. praes. sg. -forndither 23.
for-té (cum acc.), *subest, inest*, 77. 81.
for-théit (cum acc.), *adiuvat*, Wb. 4 a, 27. forsatet 148.
frea-gabáll, *ascensio*, 323. gen. frescabala 197.
frí (cum acc.), *adversus, ad*, 123. 165. 187. 235. frisin 318. 319. frisna 315. 316. frisa (rel.) 256. 261. 269. fris 473. friu 138.
fris-gairim, *respondeo*, praes. sg. 3 : frisgair 411.
fursundud, *illustratio, illuminatio*, 268. cach fír a fursundud, Aibidil Cnigui. isind fursundud, LL. 311 b, 2. Cf. fursain caindel, a ben, ar sé, LL. 126 b, 25. BB. 259 b, 45. Cf. foromnaim.

G.

gabim, *capio*, rogab *se habet*, *est* (cum acc.) 222. amal rogab *ut est* 65. amal rongabsat *ut sunt* 70. V. Zeuss, p. 922.
gabim, *cano*, praet. sg. 3: rogab 163. rusgab 171. pass. praes. pl. gaibtir 234. **gab**tair 231. conj. pl. arnaragbatar 244.
gein, n. *genitura*, 322.
genis, *Genesis*, 65.
genti (pl.), *gentes*, Wb. 4 c, 40. 4 d, 3. 10. 5 a, 8. gen. 324. geinte, Wb. 4 c, 40. 4 d, 4. dat. geintib, Wb. 5 a, 1. voc. a geinti, Wb. 3 a, 13. acc. genti, Wb. 4 d, 17.
gin, *ōs*, 411. tres gian 214 = tri giun, Ml. 74 d, 13. 115 a, 2.
glé, *clarus*, 163.
gnáthaigim, *utor*, *soleo*, praes. sec. sg. 3: nognáthaigeth 167. pass. praes. sg. gnathaigt[h]ir 282. 284. inf. gnáthugud *usus, consuetudo*, *cultus*, 161. 278.
gním, m. *actio*, *actus*, 358. gen. gníma 161. dat. gnímaib 53. gníma inna n-apstal, *Acta Apostolorum*, 53.
gnúis, f. *facies*; *species*, 76. 81. 132. pl. nom. gnúse 78. dat. gnúsib 77.
gonim, *caedo*, *occido*, praes. sg. rel. gonus 340 = *iugulans*, 349.
grád, m. *gradus*, 446.
gréoda, *graecus*, 29. 35. 299. 301. 309.
gréic, *graecus*, 7.
gréic, f. *lingua graeca*, 8. 335. gen. tintúd inna grece, Sg. 160 b, 1.
grian, f. *sol*, 271.
guth, m. *vox*, *vocabulum*, 382. 384. gud 383. pl. gen. gotha 297.

H.

hé, v. é.
hí, v. í.
húad, v. ó.
húais, v. úair.

I.

i, *ea*, 81. 421.
i, *particula pronominalis*, dondi 282. 284. 288. hisindí 152. 421. nahí 426. issahíb 52 H.
i n-, *in*, 48. 50. 53. 102. 168. 338. 417. isin 8. 9. 41. 174. 381. 440. isind 3. 12. isindí 421. issaíb 52. 380. indi *in eo* 24. indde *in ea* 221. innib *in eis* 235. indib 470 H. inna *in eius* 35. inna n- *in eorum* 54.
iar n-, *post*, *secundum*, 203. 291. 420 H. íarindí 18.
íarum, *postea*.
íl, *multus*, il-tegdaisi, 221.
ilaigim, *multiplico*, pass. praet. pl. rohilaigthi 275.
ílar, n. *multitudo*, ilor 42 H.

ilarde, *multiplex*, *varius*, pl. dat. ilardaib, 225.
ilde, *pluralis*, 103. 217.
illeith, leg. alleith, v. leth.
imbúaruah, *paullo antea, modo*, 83. V. Zimmer, KZ. 30, p. 13 seq.
imm (cum acc.), *circa*, imbi 238.
imm-airciде, *conveniens*, *congruus*, 203. 357.
imm-aircidetu, m. *convenientia*, *congruentia*, 137. 161. 201. gen. immaircidetad 198.
imm-chomracim, *convenio*, praes. pl. 3 : immacomracat 21.
immdaigim, *exubero*, *affluo*, *redundo*, dep. praes. sg. 3 : imdaigedar 351. 358.
im-medón, *in medio*, *intrinsecus*, 150. 219. 221. 248.
imm-folngim, *efficio*, pass. praes. sg. immefolangar 432. immfolngi, Wb. 4 d, 32. 33. 23 c.
imm-lai, *abit*, praet. sg. 3 : immrulaid 468. Salt. na Rann, 7605. 7735. immrualaid, ib. 7678.
imm-thiagaim, *abeo*, praes. sg. 1 : imthlag 474.
immurgu, *vero*, imorú 190 H. imoru 239 H. imoro 457 H.
in, *utrum*, 40. 42. 175. 176. 186. 196. 197.
in-ohoso, n. *significatio*, *indicatio*, 294. LBr. 279 a, 45. Alex. 96, 7.
ind, ó, in 18. ncut. a n- 10. 88. 149. 264. 380. 427. gen. masc. ind. 1. 6. 38. 40. fem. inna 61 H. 164. ina 395. pl. nom. fem. inna 72. acc. masc. inna 72. gen. inna 3. 54. 166. 231. ina 470. du. acc. in dá 71. adv. ind ulcc 432 = male.
***ind-aircim**, *invenio*, pass. praes. sg. indairecar 90.
indarbe, n. *expulsio*, 325.
indas, n. *status*, *conditio*, *modus*, 222. 401. cindas *quomodo*.
indithem, f. *meditatio*, acc. indidim 155. gen. inna indithme, Ml. 85 d, 1.
indul, *quia*, 85. 330. indul atchi side, Wb. 25 a, 37.
in-gnad, *mirus*, 132. ingnath 154.
in-gor, *impius*, pl. gen. Iggor (sic leg.) 470 H. Cuirid neim for tengad fair, for mac n-ingor do Dubsaig, FM. 1. p. 508.
in-greimm, n. *persecutio*, gen. ingremma 462.
in-grentid, m. *persecutor*, pl. acc. ingrintidi 317.
inne, f. *sensus*, *significatio*, 298. 421. 422. acc. inni 434. 447.
intan, v. tan.
intliucht, m. *intellectus*, *sensus*, 174. gen. intliuchta 138. 160. intlichta 304.
ir, *concessit*, *largitus est*, roir 213.
ires, f. *fides*, acc. iris 325.
is, *est*, 1. 3. 5. 23. 29 &c. =ns (rel.) 5. it, *sunt*, 99. 354.

INDEX VERBORUM.

itsud, n. *thesaurus*, pl. dat. itsadaib 226 (istodoib H). V. Irische Texte, 3 Serie, p. 280.

L.

la (cum acc.¹, *apud, cum, ab*, 82. 87. 172. 206. lasind 210. lasna 75. 245. leu 60. 231. 232. leo 56. 167.
labraim, *loquor*, dep. praes. sg. 3 : labrathar 373. pl. 3 : labratar 371.
lám-ohomairt, f. *lamentatio*, 189.
láthar, n. *dispositio, expositio, propositum*, 246. LL. 199 a, 50.
latin, *latinus*, 7. ingen latin .i. Laninis, Sg. 38 a, 14. cach fer di chlaind latin, Sg. 33 a, 13.
latin. f. *lingua latina*. dat. isin laitin 9. 13 H. 335.
lebor, m. *liber*, 56. 72. lebar 215. gen. libuir 2. 49. 60. dat. ind-oenlibur 107 = in uno volumine 104. pl. acc. libru 47. trelebro 73. du. nom. in dá levbor 59 H.
légnid, m. *lector*. pl. gen. inna légnide 3.
leth, n. *latus, pars, dimidium*, illeith (leg. alleith) 128. 131. alleth, LL. 70 b, 42.
lín, n. *numerus, pars*, dib linaib, *utrobique, utrimque*, 171.
looo, m. *locus*, 90. 91. gen. luic 446. dat. lucc 204. 452. lud-oenlucc 97 = in *uno loco* 98. isin tressluce 202. pl. dat. locaib 290.

M.

maco, m. *filius*, pl. acc. macca 118. gen. macc n- 92. dat. maccaib 278.
mád, *si est*, 291.
maigen, f. *locus*, 47. 51. acc. maigin 50. 59.
maith, *bonus*, 235.
malartaim, *muto*, pass. praet. sg. romalartad 334.
maldachad, *maledictio*, 327.
marb, *mortuus*, pl. acc. marbu 329.
masu, 21, 230 (mas H.).
medónach, *medius*, 123.
menma, n. *mens*, acc. menmain 173. 411. gen. menman 252. pl. dat. menmannaib 2.
menunn, *manifestus*, 134. 171.
mér, m. *digitus*, pl. dat. méraib 21.
messemnecht, *iudicatio*, mesimnecht 328. LL. 188 a, 54. Laws i. p. 10, 30.
metur, *metrum*, 176. 177. 186. 187.
mí-erlégend, *falsa lectio*, 307. 312.
mile, f. *mille*, 277.
min-fháith, m. *propheta minor*, 71.
minip, *si non est*, 231.
mórath. m. *magnificatio*, 326. ro morais gl. *mirificasti*, Ml. 37 a, 2.

morolus, *moralitas*, 314. 320. 352. 359. gen. morolesa 294.
mrechtnaigthe, *variatus*, 226.
mug, m. *servus*, pl. nom. mugaid 210 (muga H.).
múr, m. *murus*, 220. pl. acc. in muir co lín anmanna tét dar a múru móra, Salt. 8047.

N.

ná, *non*, 244. 365. 394.
nach, *non*, 49. 234. 453. nachid 462.
nach, *ullus*, 92. 129. 279. gen. fem. nacha 219. 224. nach æ 198. nach ní 337. 340. nach tan 410. nach dú 417. nach airm 454. nach maigen 47. 49. 51. 59.
nád, *non*, 233. 235. 247. 317. 468. uad n- 431.
nammá, *solum, tantum*, 58.
naoh, *ullus*, gen. neut. neich 307. 311.
nem, n. *caelum*, dat. nim 324.
nemde, *caelestis*, 319. Wb. 4 b, 13.
neuturde, *neutralis*, 298.
ní, *non*, 7. 16. 34. 51, &c.
ní, n. *aliquid*, 148. 473. nach ní 337. 340.
nó, *vel, aut*, 253. 343.
no, *particula verbalis*, cum praes. 23. 28. 40. 370. 373. cum imperf. 167.
nóib, *sanctus*, 158. 320. compar. nóibiu 88. superl. nóibim (perperam) 88. In compositione : nóib-chanóin 395. nóib-scriptuir 409. nóib-scribenda 72. 75. 82. 87.
nú-fhiadnaise, n. *novum testamentum*, 86.

O.

ó (cum dat.), *ab, ex*, 20. 25. ón 432, 438. ún (rel.) 245. uad *ab eo* 474. huad 36. 271. 472.
obil, *obelus*, 336. 339 H. Rev. C. viii. 366.
oo (cum dat.), *iuxta, prope, apud*, 129. oco 335.
ooht, *octo*, 125.
óin, *unus*, 56. 182.
óinar, m. *singularitas*, a óinur, *solus*, 128. 131. 381.
ol (cum acc.), *propter*, ol sodain, 235.
ol, *quod, quia*, 409.
ol, *inquit*, 368. 408.
oloc, *malus*, adverb. ind ulcc 432 = *male* 428.
olchena, *praeterea*, 153. 167. 211. 317. 396.
oldás, *quam est*, 202. 348.
ón, *id*, 82.
ordd, m. *ordo*, 196. 198.
orddaigim, *ordino*, dep. praet. sg. 3 : roorddaigestar 215.
arddnim, *ordino, constituo*, dep. praet. sg. 3 : roorddnestar 164.
óthá, *ab*, 114. 121. 389. 390. 391.

O 2

INDEX VERBORUM.

P.

peocthaoh, m. *peccator*, 328. pechduch 469.
persan, f. *persona*, 103. persu 91. gen. persaindi 304. pl. acc. persannu 315. dat. persunnaib 136. 170.
popul, m. *populus*, 318.
prim-fháith, m. *propheta maior*, 71.
próa, f. *prosa*, acc. próis 175. 186. V. Rev. Celt. xii. p. 467.

R.

rád, *dicere*, 473.
rann-gabáil, f. *participium*, 444. 445. ducatus a ranngubáil (arngabail Fcs.) chésta, *participium passivi*, LBr. 238 b.
rath, n. *gratia*, 158.
ré n- (cum acc.), *ante*, 216. 228. ria n- 242. resin 125. 180. 192. resna 272.
recht, n. *lex*, gen. rechta (recto H.) 26. 206.
rechtge, f. *legislatio*, oes rectge 206 H. oc dénum reciche la riga, Wb. 28 a, 1, LL. 12 a, 20. rechtga la flaith, LL. 344 b.
rem-éperthe, *ante dictus*, 316. pl. dat. remépertaib 137. 170.
remi-tét, *praecedit*, 350.
rem-shuidigud, *praepositio*, 300, 308.
rem-theohtas, m. *praecessio*, 359.
rethim, *curro*, praes. pl. rel. reta 178 H. Cf. *currunt* 185.
ri, m. *rex*, acc. rig 472. gen. rig 101. 102.
ria n-, v. ré n-.
riar, f. *voluntas*, dat. do réir, *secundum* 348 H.
ro, *particula verbalis*, 163. 164. 336. 456. 458. ru 275 H.
románta, *romanus*, 441.
ro-sagim, *nanciscor*, pass. praes. sg. rosechar 352.
rún, f. *mysterium*, rúin, 162. gen. rúine 198. (rúne H.) pl. dat. rúinib 28 = *mysteriis* 27.

S.

sa, *hic*, 149. 348. 350.
sacart, m. *sacerdos*, *presbyter*, gen. sacairt 102.
saigid, f. *aditus*, *petitio*, saigid inne *petitio sensus* = *etymologia* 421. du. nom. na da saigthi 449.
saigthetu, m. *aditus*, gen. saigthetud (sic leg.) 465.
sain, v. sin.
sain-dílsetu, m. *proprietas*, 168 H.
sainemail, *praecipuus*, 431.
sain-gnúste, *specialis*, 93. 179. 273. 289. pl. dat. saingnustaib 227. LBr. 54 b, 48. 176 a, 7.
sainrethach, *peculiaris*, *specialis*, pl. nom. sainrethcha 190. dat. sainredchaib 190.

sáirse, *ars*, 89. 90. gen. augtar sáirsi, LL. 19 a. ars *fabri tignarii*, Iosep for a sáirse, LBr. 142 b. fri gaibnecht 7 sairse 7 cerdacht, ib. 118 a. mo threima saersi, ib. 134 b, 17.
salm, m. *psalmus*, 119. 172. pl. nom. sailm 60. 125. gen. salm 156. 166. acc. salmu 11. 122. 135. 163. 330. dat. psalmaib 345.
salm-chétlaid, m. *psalmista*, pl. nom. psalmchetlaidi, 238.
saltair, m. *psalterium*, 46. 57. gen. saltair 43. dat. saltair 41. 150.
*soreptair. *Scriptura Sacra*, gen. screptra 409. iar forcetul ind apstail 7 na screptra archena, LU.
scríbaim, *scribo*, praet. sg. 3 : roscriph 215. pass. praes. sg. scripthair 232. 456. -scriphthar 247. 249. pl. scribtar 241.
scríbend, f. *scribere*, *scriptura*, dat. do scriphnud 96 = *scribi* 98. Compos. pl. nóibscribenda *sacras scripturae* 72. 75. 82. 87.
scrín, *scrinium*, acc. fem. amal cach scrín níldelbuig, Salt. 4212.
scriptúir, f. *Scriptura Sacra*, 129. 454. gen. do dhiamraib 7 do dhoilgib na scriptuire nóime, LBr. 127 a.
sea, *hic*, 90.
sechmadachte, *praeteritus*, 444.
sechtair, *foris*, *foras*, 411 = *palam* LBr. 70 a. cum gen. sectar cháich, LBr. 134 a, 33. dochóid Petur sechtar in lis amach, ib. 165 b, 11.
sein, sen, v. sin.
seinm, v. sennim.
séiss, *caterva*, séis .i. buidhean, O'Cl., pl. nom. sési 345. sése 379 H. dat. sexib 379. for sésaib Abisolóin, Salt. 6946. acc. eter séssu na slúag soimm, Salt. 5163.
senchas, m. *historia*, 164.
sennim, *cano*, *modulor*, praes. sg. 3 : nodsęind 38. 40. pass. praes. sg. sennair 18. 20. 23. 37. 39. infin. senm n-. 36.
septin, *Septuaginta*, 331. 333. 337. 341. septien, Ml. 2 a, 6. 15. 2 b, 3. gen. hi tintud sephtiein, ib. 103 d, 26.
sí, *hic*, 2. 7. 361.
side, *hic*, 461. 466. 468. sede 461 H. 468 H.
siens, m. *sensus*, 314. 319. pl. nom. maith siansa in chuirp, LL. 282 a. trí siansa anmma .i. irascibilis et concupiscibilis et rationabilis. Fél. p. clxxxvi. cúic siansa anmma, ib.
sin, *ille*, 222. sen 10 H. sein 29. 152. saín 132.
sinpsalma, σύμψαλμα, 291. 293. 296. 310. 311. pl. dat. sinsalmaib, Aisl. Meic Congl. p. 13, 12.
-sium, *particula augens tertiae personae*, 371.
so, *hic*, indso. 344.
sodain, *hoc*, 76.
son, *hic*, 418. 458.

INDEX VERBORUM.

son, m. *sonus, vox, vocabulum*, 29. pl. nom. suin 31.
so-sodle, n. *evangelium*, 50.
spirtaide, *spiritalis*, 96. spirtide, Wb. passim.
spirut, m. *spiritus*, 155. 173. gen. spiruta 28. 158.
stoir, f. *historia*, 314. 315. 460. stair 317.
su, *hic*, 25. 30. 34.
suide, n. *sedere, sessio, sedes*, 323.
suide, *hic*, dat. dosuidiu 22. 24. 412. pl. dat. suidib 111. 289.
suidigim, *pono*, pass. praes. sg. suidigthir 305. 311, praet. sg. rosuidiged 180.
suibaire, f. *eloquentia*, 440.
suthain, *aeternus*, 439.

T.

taidbsiu, f. *ostentio*, 255. dat. taidbain 193. do taidbse 181. du thaidbse, Ml. 94 c, 10. do thaidbse Sg. 10 b, 15. 151 a. do thai[d]-bsiu, ib. 173 a, 8. acc. cen thaidbsin péne, Salt. 2207.
tairchell, v. doairchellim.
tairmesc, *interruptio, cessatio, intermissio*, acc. cen nach tairmesc n-etir 279. cen nach tairmesc, Wb. 10 b, 15.
talmande, *terrestris*, 319.
tan, f. *tempus*, 410. in tan, *quum, quando*, 55. tánaise, *secundus*, 443. tanaiste 314. 318.
tarmi-berim, *transfero*, pass. praes. sg. tarmiberar 14.
techtaim, *possideo, habeo*, praes. sg. 3: techta 365. 394. 401. rel. techtas 426 = *qui habet* 427.
téchte, *proprius*, 95. 408. dat. rocoraigit ina téchtu, LU. 118 a.
tegdais, f. *aedes*, gen. tegdasi 225. pl. nom. tegdaisi 221.
téit, *it, venit*. teiti, 472. 473.
tét, *fidis, chorda*, pl. dat. tétaib 20. 26. gen. ac toga a tét, Tog. Tr. 138.
tiagaim, *eo*, praes. pl. 3: tiagait 468. pass. praes. sg. tiagair 297.
timmne, n. *mandatum, praeceptum*, 21.
tintúd, m. *versio*, 329. 330. 331. 332. 335.

tír, n. *terra*, 92.
titul, m. *titulus*, 1. titol H. 150. pl. nom. titail 272. 288.
tochuired, *vocatio, invitatio*, 324.
togaithe, *electus*, 277 (togaide H.).
tóiniud, n. *reversio*, gen. tóiniuda 196. tólneda H.
toisaide, *necessarius*, 313.
tóisech, *princeps, primus*, 116. 212. compar. toisegu 199. toisichu 348.
tórand, n. *signum*, 455 H. do thoorand, Tir. 13.
torbatu, m. *usus, utilitas*, 261. tarbatu 255.
tormach, n. *auctio, augmentum*, 455 (perperam).
tossach, n. *initium*, dat. tosug, 36. 208. 242.
tra, *autem, igitur*, 126. 176. 217. 272.
trachtaire, m. *tractator*, 43. 345. 379. 467.
tré (cum acc.), *per*, 175. 176. 186. 187, 356. tria 244. 307. 312. tresna 445. trea 314. tresa 11.
tre-, v. tri.
tréde, n. *tres res*, 89. 380.
tré-denus, *triduum*, 203 H. iar m-beth tredenus ina adnocul, LBr. 256 b.
tress, *tertius*, 201. 202.
tri, *tres*, 248. 446. fem. teora 62. 100. In compositione tre-: tre-lebro, *tres libros*, 73. trian, n. *tertia pars*, 289. sg. gen. trin, LL. 266 a, 21. pl. dat. i trenaib, LL. 135 a, 35.
trócaire, f. *misericordia*, 352. 355. 356.
tuosit, f. *caussa*, gen. tucsiti, 268.
tuidecht, *venire, adventus*, 328.
tuilled, *additio*, 408.
tús, *principium, principatus, ductus*, 166. Cf. du tholaigecht claisse dóib gl. praeficit reliquis ad canendum, Ml. 107 b, 3.

U.

úair, *quia, quod, quum*, huair 126. 356.
úasal, *altus*, pl. dat. huaslib 28 = *supernis* 27.
úathad, n. *singularitas, unitas*, 42.
úathate, *singularis, singulus*, 216.
uile, *omnis, totus, universus*, 350. pl. nom. uli 242. dat. uiliph 94.

INDEX NOMINUM

Abisar, *Abisai*, 109. 111.
Abisolón, *Absalom*, 316. Salt. na Rann, 6905, &c.
Aggæus, *Aggæus*, 110. 125.
Ambrois, *Ambrosius*, 449 H. Ambrois, Fél. April 1. Cf. W. Emrys.
Amos, gen. Amois 397. tria gin in primfatha Ysaias mic Amois, *Trip. Life*, p. 428, 9.
Aquil, *Aquila*, 332.
Asab, *Asaph*, 108. 114. 117. 172. Assab 152. 166. Asaph, Salt. 6648. gen. Asaib 173.
Asar, 120. Assar 109
Augustinus, 295.

Béid, *Baeda*, 368. amhail inniais Béid 'san stair Bhéid, Three Fragments, p. 112, 6. adbeir Béid, Ib. 10. Ib. p. 114, 11.

Cassiodorus, 446.
Cirine, *Hieronymus*, 178. 187. 236. 292. 333. 336. 342. 406. Ml. 74 d, 13. Cirine, Goid. p. 63. tintúd Chirini, Ml. 103 d, 26. 124 d, 5.
Cornail, *Cornelius*, 354. dí muntir Corníl, Sg. 30 b, 11.
Críst, *Christus*, 85. 319. 322. 328.

Duid, *David*, Duid, Salt. na Rann, pass, rhyming with síd, dín, díth, &c. Duid, Ml. 14 b, 8. 17 a, 12. Duaid, Ml. 2 b, 5.

Elair, *Hilarius*, 44. Helairius 138.
Eman, 109. 117. 123. 166. Salt. 6648.
Esaias, 69.
Esaodir, *Isidorus*, 34 H. Essodir, Fél. p. xxxi.
Estras, *Esdras*, 213. 239. Hestra, Salt. 7453.
Ethán, *Ethan*, 119. 167. Salt. 6647.
Etsicol, 69. Etzichel H. Etzechel, Salt. 7452.
Ezechias, 318.

Grígoir, *Gregorius*, 145. 405. 408. Fél. Ind.

Hieronymus, 49.

Idadún, *Idithun*, 109. 115. 116. Ithitum 166. Ithidún, Salt. 6648.
Ieremias, 190. Heremias 69.
Isaias, *Isaias*, 396. 397.
Iesu ben Nún, *Iosue filius Nave*, 67. Iesu H. Iessu mac Nún, Salt. 7341. 'Essu mac Nún, ib. 5265. 5270. mac Nún, Flacc. 57.
Iesus Sireobides, *Iesus filius Sirach*, 461. hIsaau Arachiteis, Salt. 6650.
Iob, *Iob*, gen. Ioib 73. Disyllable, Colman's Hymn 13.
Iohannes, 399.
Isidorus, 104. 402. 422.

Maohabdae, *Maccabai*, 318. la secht maccu Mocába, Colman's Hymn 14.
Maloc Choir, *filii Core*, acc. macca Choir 118. du. nom. dá mac Chore 120.
Maloc Israél, *filii Israel*, 92.
Marc, *Marcus*, gen. Mairc 398.
Matthaeus, 397.
Móise, *Moyses*, 65. 108. Maisi 111.

Paulus, 400.
Petrus, 57.

Samuel, 68.
Saß. ? 142.
Saúl, 316.
Sereguis, *Sergius* (*Servius*), 434.
Simmach, *Symmachus*, gen. Simmaig 331. for canoin Simmaig, Ml. 85 b, 8. tintúd Simaich, Ml. 117 b, 8.
Solomón, *Salomon*, 73. 189. 315. Salemon 108. Salamon 113. Salt. 5702. Solman 6888.

Teothais (gen.), *Theodotion*, 332. hi tintud Teothis, Ml. 22, 15.

Zacarias, 110. Sacarias 125.

THE END.

Oxford
PRINTED AT THE CLARENDON PRESS
BY HORACE HART, PRINTER TO THE UNIVERSITY

www.ingramcontent.com/pod-product-compliance
Lightning Source LLC
Chambersburg PA
CBHW020144170426
43199CB00010B/879